CAPUCINE COUSIN

NETFLIX & Cie

Les coulisses d'une (r)évolution

ARMAND COLIN

Graphisme de couverture : WIP Design
Mise en pages : PCA

Armand Colin est une marque de Dunod Éditeur,
11 rue Paul-Bert, 92240 Malakoff
ISBN : 978-2-200-62301-2
www.armand-colin.com

Sommaire

Avant-propos V

Introduction – Bataille rangée sur la Croisette 1

1 Les prémices : du DVD envoyé par courrier postal 7

2 Les débuts de la révolution du tout-illimité culturel 19

3 L'ascension fulgurante de Netflix 33

4 Netflix dans l'Hexagone 59

5 Hollywood, le nouveau terrain de jeu de Netflix ? 77

6 Netflix face à l'« exception française » 109

7 L'audiovisuel, nouveau terrain de jeu des GAFA 133

Conclusion – L'horizon d'un « tueur en série(s) » 157

Remerciements 163

Bibliographie 165

Avant-propos

De la start-up qui livrait des DVD à ses débuts, au milieu des années 1990, Netflix est devenu un mastodonte de la vidéo à la demande par abonnement (SVoD dans le jargon), qui ne compte pas moins de 125 millions d'abonnés dans le monde en mai 2018.

Aujourd'hui, Netflix désigne à la fois la plateforme qui permet de visionner films, séries et autres contenus sur abonnement, et la société de production de contenus originaux qui se rêve en nouveau studio hollywoodien et rivalise avec les GAFA (le quatuor Google – Amazon – Facebook – Apple) de la Silicon Valley… La start-up devenue géante est donc implantée à la fois dans la Silicon Valley, avec 5 000 employés qui planchent sur sa plateforme et ses précieux algorithmes de recommandation, et à Los Angeles, épicentre du cinéma américain, où 1 000 personnes se chargent de dénicher séries et films. C'est ce que nous allons raconter dans ce livre : l'histoire fulgurante de cette start-up qui a engendré de nouveaux modes de consommation autour de ce symbole de la pop culture audiovisuelle, les séries télévisées.

Le phénomène est récent, et l'histoire semble s'accélérer : c'est en 2013 que Netflix produit *House of Cards*, sa première

« création originale », série à gros budget – 100 millions de dollars. En septembre 2014, la firme débarque en France, talonnée deux ans plus tard par Amazon. En janvier 2016, tous deux s'affrontent pour acquérir des droits de films au festival de Sundance, où se retrouve la crème du cinéma indépendant. En 2017, le patron d'Amazon, Jeff Bezos, parade aux Oscars en *tuxedo*, où Netflix et Amazon sont nominés pour leurs premiers films *indies* produits. « Si vous l'emportez ce soir, votre Oscar vous sera livré sous cinq jours ouvrés », plaisante l'humoriste Jimmy Kimmel lors de son discours d'ouverture. Il ne croit pas si bien dire : Amazon repart avec trois statuettes pour les films *Manchester by the Sea* et *Le Client,* tandis que Netflix en gagne une pour le documentaire *Les Casques blancs*. Une « netflixisation » de l'écosystème du cinéma en pleine mutation qui préoccupe Hollywood, car elle pourrait se traduire par un affaiblissement de la fréquentation des salles, la baisse des subventions, ou un phagocytage de la chaîne de création, en laissant sur le carreau tout un tas d'intermédiaires. Reed Hastings, quant à lui, a très vite compris deux éléments clé. D'une part, il devra acquérir de nombreux contenus pour fournir son catalogue. D'autre part, une fois franchie la masse critique d'abonnés, les producteurs indépendants passeraient par Netflix pour distribuer leurs films en ligne.

Nous allons voir comment Netflix multiplie les investissements dans la production de contenus originaux, en particulier celle de séries destinées à la petite lucarne, puis de longs-métrages, en recrutant des signatures et en communiquant abondamment sur ces investissements colossaux : il annonce mettre sur la table 8 milliards de dollars en 2018 pour acquérir et produire ses contenus originaux. Une paille pour lui, qui a réalisé un chiffre d'affaires de 11,6 milliards de dollars en 2017. À côté, ses concurrents déboursent bien moins en contenus originaux : 4,5 milliards de dollars pour Amazon Studios, 2,5 milliards pour Hulu, 2 milliards pour HBO… et 1 milliard pour Apple. Car oui, tous les géants de la tech se piquent maintenant de produire de l'audiovisuel.

Derrière cette bataille, une autre guerre plus politique se joue déjà en coulisses : ces nouveaux acteurs de l'audiovisuel accepteront-ils de se plier aux règles du jeu fixées par les pouvoirs publics français et européens au nom de l'exception culturelle ? Certes, Netflix l'assure, il veut se démarquer de l'image souvent négative des GAFA, accusés de bouleverser les industries en faisant fi des régulations locales. Dans l'Hexagone, les débats se cristallisent autour de la « chronologie des médias », cette exception française qui contraint les acteurs de la SVoD (vidéo à la demande sur abonnement) à attendre 36 mois, après la sortie en salles d'un film pour diffuser ce dernier. Au niveau européen, le projet de directive « SMA » (services de médias audiovisuels), qui doit être adopté à l'automne 2018, les obligera à mettre en avant au moins 30 % d'œuvres européennes dans leurs catalogues, qu'ils devront par ailleurs contribuer à financer. Une révolution sur le papier, même s'il faudra ensuite attendre un à deux ans pour que chaque pays européen applique ce texte.

Autre révolution, dans la société cette fois, Netflix et consorts ont consacré une nouvelle forme de consumérisme culturel :

le tout-illimité dématérialisé par abonnement. Oubliez les DVD. « À regarder où et quand vous le souhaitez, seulement sur Netflix », voilà l'argumentaire publicitaire de Netflix. C'est lui aussi qui a créé le *binge watching*, cette nouvelle habitude, équivalent télévisuel du *binge drinking*, qui consiste à s'abreuver de séries télé. Depuis *House of Cards,* Netflix diffuse ses séries maison d'un bloc – quitte à faire hurler Hollywood et les diffuseurs télé. Nous verrons qu'en musique, les pirates comme Naspter et Kazaa, puis les diffuseurs légaux comme iTunes d'Apple et Spotify, avaient déjà habitué les internautes à ce nouveau mode de consumérisme culturel.

Impossible de parler de Netflix sans évoquer sa machine de guerre, destinée à nourrir les nouveaux appétits sans fin du (télé)spectateur : son système d'algorithmes devenus cultes, qui suggèrent aux usagers les trois quarts des films qu'ils visionnent. Selon la légende, ce sont eux qui ont influencé le choix des fondateurs de Netflix de parier sur la série *House of Cards* au budget de 100 millions de dollars, et de promouvoir la série par un ciblage agressif des abonnés…

Dans le sillage de cette plateforme audiovisuelle nouvelle génération, les GAFA avancent eux aussi leurs pions. Tous, de Netflix en passant par Amazon, et même Apple et Facebook, recrutent les meilleurs réalisateurs d'Hollywood et mènent une bataille rangée pour acquérir des droits de films et séries, blockbusters ou indépendants, en écumant les festivals. Après Woody Allen pour sa première série télévisée, *Crises in Six Scenes,* Amazon Studios a enrôlé Matthew Weiner, réalisateur de la série télévisée *Mad*

Men, pour réaliser la série *The Romanoffs*. En mai 2018, le géant du e-commerce annonce son intention d'engloutir un milliard de dollars pour adapter *Le Seigneur des anneaux* en série télé. Damien Chazelle, le réalisateur de l'oscarisé *La La Land*, tournera également sa première série télévisée, cette fois pour Apple… De même pour Steven Spielberg, qui se chargera d'un remake de sa série culte des années 1980, *Histoires fantastiques* (*Amazing Stories*). Netflix, quant à lui, a carrément signé avec le couple Obama… À chaque fois, au nez et à la barbe d'Hollywood et du milieu de la télévision.

Décidément, la bataille ne fait que commencer.

Introduction

Bataille rangée sur la Croisette

23 mars 2018. À quelques semaines de l'ouverture du Festival de Cannes, la grand-messe de la famille du cinéma, la guerre semble bien déclarée avec Netflix. « Tout film qui souhaite concourir pour la Palme d'or devra sortir dans les salles françaises », prévient Thierry Frémaux, délégué général du Festival, dans une interview au magazine professionnel *Le Film français*. Voilà qui annonce la couleur. Désormais, Cannes n'accepte en compétition que les œuvres destinées à sortir en salles. La plateforme de vidéos à la demande ne peut donc présenter ses films que hors compétition. La réplique fuse. Le 13 avril 2018, Ted Sarandos, directeur des contenus de Netflix, annonce sa décision de bouder le festival. « Nous voulons être sur un plan d'égalité avec les autres cinéastes », précise-t-il dans un entretien sur le site de *Variety*, la Bible de la presse cinéma à Hollywood. Il ajoute : « Bien sûr, il y a deux visions différentes. Mais nous avons choisi de nous inscrire dans l'avenir du cinéma. Si Cannes a voulu être bloqué dans

son passé, c'est son choix». Une nouvelle bataille des Anciens contre les Modernes, en somme.

Mais pourquoi ce combat entre le nouveau géant de l'audiovisuel et les organisateurs du Festival de Cannes ? Toute la polémique repose sur la sortie des films en salles, indispensable pour les organisateurs du Festival de Cannes, accessoire pour Netflix. Or, un film projeté dans un cinéma doit attendre trois ans avant qu'une plateforme de vidéo à la demande par abonnement puisse le diffuser. C'est la règle en France, la «chronologie des médias» dans le jargon.

Un premier round a lieu en mai 2017. Netflix rechigne alors à sortir dans les salles obscures ses deux films en sélection officielle, *Okja* de Joon-Ho Bong et *The Meyerowitz Stories* de Noah Baumbach, pour les diffuser uniquement sur sa plateforme de streaming, provoquant ainsi la colère des exploitants qui y voyaient bafoué le statut roi du film projeté en salle (protégé par l'intouchable chronologie des médias). Netflix tient bon et remporte cette manche.

Mais en cette année 2018, la mesure de rétorsion ne se fait pas attendre : cinq films produits par la firme de Los Gatos sont privés de tapis rouge : *Norway* de Paul Greengrass, *Roma* d'Alfonso Cuarón (réalisateur de *Gravity*), *Hold the Dark* de Jeremy Saulnier, *They'll Love Me When I'm Dead*, un documentaire de Morgan Meville sur le cinéaste Orson Welles, légendaire réalisateur de *Citizen Kane*, et même *The Other Side of the Wind*, le dernier long-métrage inachevé de ce même Orson Welles. Un projet qui a pu aboutir… grâce au financement de Netflix. Dans un courriel dévoilé le 11 avril par *Vanity Fair*, Beatrice Welles, fille du réalisateur décédé, supplie même la firme de « reconsidérer sa décision ». « Faites que le travail de mon père devienne le film qui comblera le fossé entre Netflix et Cannes », écrit-elle. « J'ai vu comment les grandes sociétés de production ont détruit sa vie, son travail et, ce faisant, un peu de l'homme que j'aimais tant. Je détesterais que Netflix devienne l'une de ces entreprises. » Certes, le lendemain en conférence de presse, Thierry Frémaux tente d'apaiser les dissensions. « Netflix est le bienvenu à Cannes. (...) Je lance un appel à Ted Sarandos et Reed Hastings pour venir et nous continuerons à parler », ajoute-t-il. Dans la presse, il finira même par révéler avoir failli être limogé en 2017 suite à la première polémique.

Le 3 mai 2018, lors du festival Séries Mania de Lille consacré aux séries télévisées, revenant sur cette polémique, Reed Hastings se livre à un semi *mea culpa*, se disant ouvert à une sortie de ses films dans les salles, sous conditions. Il admet que Netflix fait « parfois des erreurs » et qu'avec le Festival de Cannes, où aucun de ses films n'est sélectionné cette année 2018 faute d'accord, son entreprise « s'est mise dans une situation plus délicate que ce que nous aurions voulu ». Et de reconnaître : « Nous sommes vus comme des perturbateurs ». Avant néanmoins de défendre son modèle économique, inflexible : « Puisque nos abonnés financent nos films, nous voulons qu'ils y aient accès rapidement, et pas trois ans plus tard ». Il concède cependant : « Notre plateforme doit suivre les régulations de chaque pays (...), et nous devons trouver comment travailler dans les règles du système, il y va de notre responsabilité ». À suivre, donc.

Fait révélateur, peu avant le Festival, le 13 avril, Netflix sort directement en ligne *Je ne suis pas un homme facile*, estampillé «premier film français Netflix original», réalisé par Éléonore Pourriat. Un long métrage qui a tout du film indépendant français, de son casting (Vincent Elbaz et Marie-Sophie Ferdane, pensionnaire de la Comédie française méconnue au cinéma) à son sujet (la place des femmes dans la société). La réalisatrice, ravie, estime qu'elle n'aurait pas eu la possibilité de financer aussi vite son premier film en ne comptant que sur la production traditionnelle française.

Au passage, si Netflix a été exclu de la sélection officielle à Cannes, cela ne l'a pas empêché d'acheter deux films primés au Festival, *Heureux comme Lazzaro* d'Alice Rohrwacher (meilleur scénario) ainsi que *Girl* de Lukas Dhont (Caméra d'or), même s'il ne s'agit que des droits pour l'Amérique du Nord et l'Amérique Latine. Ces deux films pourront donc bien sortir en salles en France conformément au règlement du Festival, mais pas sur le continent américain où ils seront diffusés directement sur Netflix. Piquant.

Cannes peut-il se passer de Netflix? L'ogre mondial, à présent installé au pays de l'exception culturelle, connaît une ascension inéluctable avec 7,4 millions de nouveaux abonnés dans le monde durant le premier trimestre 2018, pour un total de 125 millions. Ce nouvel acteur de l'audiovisuel investit plus dans les «contenus» qu'un studio d'Hollywood: 8 milliards de dollars (6,9 milliards d'euros) dans la production et l'acquisition de contenus en 2018, et plus d'un milliard (865,6 millions d'euros) en marketing. Il parvient même à retenir dans ses rets Martin Scorsese, un des plus grands cinéastes américains contemporains, dont il produit le prochain film, *The Irishman*, prévu pour 2019. Le budget serait de 100 millions de dollars… L'affaire résume bien la place très particulière qu'occupe désormais Netflix dans le paysage audiovisuel. Il est le nouveau trublion, craint autant que courtisé par le cinéma et la télévision. En 2015, *The Hollywood Reporter* cite le producteur Nigel Sinclair : « Tout le monde veut rencontrer Netflix – tous les artistes, les talents qui veulent sceller un projet innovant. »

Comment percevoir celui qui est à la fois mi-GAFA, mi-studio hollywoodien, et propose sur sa plateforme une sorte de vidéoclub géant en ligne ? Où, pour moins de 10 € par mois, l'internaute peut « picorer » des superproductions maison comme *House of Cards* qui a assis sa réputation, *La Casa de Papel* à la sauce espagnole, ou *Stranger Things* à la sauce *eighties*. Revoir des vieux classiques comme *Mad Men* ou *Friends*, découvrir de surprenants mangas japonais, se laisser tenter par quelques films de série B, tomber sur des raretés ou encore s'émouvoir devant *13 novembre : Fluctuat Nec Mergitur*, le documentaire sur les attentats de Paris.

Et demain, comment le Festival du pays de l'exception culturelle se positionnera-t-il face à l'arrivée d'autres géants de l'Internet dans l'audiovisuel, comme Amazon, Apple, YouTube, Tencent ou encore Disney qui lance sa plateforme en 2019 ?

1

Les prémices : du DVD envoyé par courrier postal

Les débuts de Netflix, La Redoute des DVD

Netflix naît en 1997 d'une bonne idée toute simple : offrir un service d'envoi de DVD à domicile à ceux qui les louent encore à prix d'or chez les vidéoclubs du coin. Reed Hastings, 37 ans, ingénieur de formation, cofonde alors Netflix avec Marc Randolph, spécialisé en marketing. Selon la légende, c'est après avoir dû payer des pénalités de retard dans un vidéoclub qu'il aurait eu l'idée de lancer un service similaire, mais sur abonnement. L'anecdote, en réalité complètement inventée, alimente déjà le mythe. Dans les faits, Reed Hastings vient alors d'empocher près de 75 millions de dollars grâce à la revente de sa première société, Pure Software. À point nommé pour lancer son nouveau projet…

Hastings et Randolph se sont précisément connus chez Pure Software. Entrepreneur-né, Reed Hastings a donc déjà fait ses armes. Diplômé du Bowdoin College (Maine), il passe trois ans dans l'armée, chez les *Peace Corps*, pour enseigner les maths au Swaziland. Il décroche ensuite, en 1988, un diplôme en intelligence artificielle à l'université de Stanford ; une discipline alors naissante, qui lui servira bien plus qu'il ne le pensait…

Reed Hastings est tout sauf un cliché de la Silicon Valley. De son nom complet Wilmot Reed Hastings Jr., il est issu d'une famille des plus huppées, qui ont participé à l'émergence de la nation américaine. « Il vient de la plus haute société américaine, on pourrait presque parler de noblesse », note la journaliste Gina Keating, qui offre dans *Netflixed* une plongée dans les coulisses de l'entreprise[1]. Son arrière-grand-père maternel, Alfred Lee Loomis, est un financier qui a monté un laboratoire d'ingénieurs connu pour avoir contribué à l'invention du radar. Une ascendance qui a favorisé « l'aplomb naturel » de Reed Hastings, selon l'auteure. Pure Software était déjà une *success story* pour le jeune entrepreneur Hastings. Cotée en Bourse en 1995, elle fait l'objet d'une OPA deux ans après, qui lui permet d'empocher 75 millions de dollars[2]. Hastings se retrouve en « Une » du magazine *USA Today*, assis sur le capot de sa Porsche. Il renie très vite cette image de parvenu. À 26 ans, l'entrepreneur pourrait déjà prendre une retraite dorée, mais il n'a aucune envie de raccrocher.

En 1997, il lance donc « Netflix », contraction de Net (Internet) et Flix (« film » en argot américain), et son offre au principe totalement inédit : l'abonné peut choisir ses DVD sur un site

1. Gina Keating, *Netflixed, The Epic Battle for America's Eyeballs,* Penguin, 2012
2. Françoise Blind, « L'homme qui veut tuer la télé », *Les Échos weekend*, 17 juin 2016

Internet, les recevoir chez lui par la voie postale, puis les restituer de la même façon après les avoir visionnés. De plus, il peut conserver au moins trois films sans frais. Hastings met à profit sa connaissance de l'intelligence artificielle pour bâtir – déjà ! – ses premiers algorithmes, des ensembles de règles opératoires qui permettent de résoudre un problème donné. Ils seront la base technologique du service Netflix. Déjà en 1997, ces algorithmes croisent les préférences des clients (et leurs profils) pour leur envoyer, par courrier, des suggestions de films censées correspondre à leurs goûts. En septembre 1999, Netflix adopte son système d'abonnement, pour $15,95 par mois.

Ses échecs, son pivot, sa montée en puissance outre-Atlantique

Les premières années sont difficiles, et Netflix est en situation délicate en 2000. L'entreprise propose à Blockbuster, qui est alors le géant américain de la location de films, d'acquérir 49 % de son capital pour 50 millions de dollars. En 2001, l'entreprise souffre de l'explosion de la bulle Internet et de l'impact des attentats du 11 septembre. 120 salariés, soit un tiers des effectifs, sont licenciés. Malgré cela, Reed Hastings décide d'introduire sa société en Bourse, alors même qu'elle n'est pas bénéficiaire. Un coup de poker qui provoque le départ de son associé Marc Randolph, mais qui permet à Hastings de lever 82 millions de dollars. Son service compte alors 600 000 abonnés.

En 2003, Netflix atteint le pallier du million d'abonnés aux États-Unis. Ses rivaux tentent de s'aligner sur son modèle pour continuer à séduire le public. Blockbuster se lance dans une course effrénée, en inaugurant notamment son service de location illimitée de DVD en ligne pour $19,99 par mois. Après le départ de Marc Randolph en 2004, Reed Hastings devient plus que jamais la figure de proue de la start-up. Pour Gina Keating, l'absence de Marc Randolph n'est pas anodine : « la plateforme créée par l'équipe initiale, cet esprit qu'ils entretenaient sur la satisfaction du client avant tout, tout ça c'est Marc Randolph », écrit-elle. Reed Hastings ne serait pas, quant à lui, des plus compétents en matière de service client, selon Gina Keating : « Il n'a pas la moindre empathie pour les gens en tant que clientèle ». Une manière de dire qu'il raisonne « avant tout comme un ingénieur ».

Assurément, lorsque Netflix naît aux États-Unis, le concept est d'une nouveauté ébouriffante pour le téléspectateur américain. Le paysage audiovisuel y est alors dominé par les chaînes du câble, telles HBO, Starz et Showtime, qui proposent pour une petite fortune des abonnements mensuels. Un foyer américain dépense alors environ $80 par mois pour accéder à des chaînes câblées. Reed Hastings veut absolument monter un service de télévision à la demande sur Internet. Il est même sur le point, en 2007, de commercialiser une « Netflix box », un peu sur le modèle de la Freebox qui cartonne en France, lancée en septembre 2002 par Xavier Niel, l'entrepreneur avant-gardiste et fondateur du groupe Iliad-Free. Mais ce dernier a pour avantage d'être lui-même opérateur télécom, ce qui lui permet de commercialiser des services sur cette box « triple play » (qui rassemble téléphone, télévision sur IP et accès à Internet en ADSL). Seulement, il y a un hic : pour lancer sa box, Hastings devait faire alliance avec des chaînes du câble et du satellite, lesquelles disposaient déjà de leurs propres services de télévision à la demande…

La vraie révolution de Netflix vient en 2007, avec le basculement dans l'ère du streaming, la diffusion en continu de contenus sur Internet. Plus besoin de télécharger des fichiers, l'internaute peut enfin lire des vidéos et écouter de la musique directement en ligne ! Hastings a donc trouvé la solution : il lance son service en streaming. Pour quelques dollars par mois, les abonnés peuvent visionner films et séries sur leur ordinateur ou leur télévision. Le pari est risqué, seulement 61,8 % des foyers américains sont connectés à Internet selon l'OCDE, avec un débit moyen de quelques centaines de kilobits par seconde seulement. Mais Hastings sait le modèle rentable. La bande passante revient à seulement 5 cents pour un film envoyé en streaming, contre $1 de frais postaux pour un DVD. Son objectif est clair : le service doit pouvoir être visionné sur le maximum d'écrans différents. Or, le streaming peut être intégré à tout type de support : console de jeu vidéo, téléviseur connecté… Netflix est donc le premier à distribuer des contenus vidéos directement via Internet en mode « OTT » (*over the top*, service par contournement), sans passer par un opérateur de réseau traditionnel (comme une compagnie de télévision ou de téléphone qui contrôlerait la distribution du contenu). Avec l'OTT, Netflix est en quelque sorte « la première chaîne de télévision payante » à profiter de l'autodistribution sur Internet, estime Jean-David Blanc[1]. « Avec l'OTT, pour Netflix, plus besoin d'un canal hertzien pour diffuser sa chaîne, ni de box,

1. Entretien avec l'auteure, 28 mai 2018

ni d'accord avec les intermédiaires». Lui-même a suivi très tôt les débuts de Netflix : entrepreneur français chevronné, *business angel* très actif, il a cofondé Allociné en 1993 (initialement un service d'information sur les programmes de cinéma, qui invente la réservation de billet à l'avance et devient un portail web de référence) puis Molotov en 2015 (un nouveau service en ligne de distribution de chaînes de télévision, voir page 124).

Grâce à ce «pivot» opportun dans son modèle économique (l'art de se retourner et de changer de modèle économique pour une start-up), le cours de l'action de Netflix est alors multiplié par 4, passant de $5,48 en octobre 2007 à $42 en juillet 2011, pour une capitalisation boursière atteignant les 16 milliards de dollars. Blockbuster, son principal concurrent et leader du secteur, est resté quant à lui ancré au modèle de la location de DVD. Miné par près 900 millions de dollars de dettes, il emploie encore 48 000 salariés lorsqu'il dépose le bilan en septembre 2010, dans l'espoir de se relancer. Depuis, l'entreprise, acquise par Dish Network en 2011, n'est plus que l'ombre d'elle-même : son service de streaming vidéo a été englobé dans DISH Movie Pack, et moins d'une dizaine de boutiques physiques sont encore ouvertes aux États-Unis. Dix ans après sa création, c'est donc sans doute grâce à ce «pivot» que Netflix sauve la mise, et devient à son tour leader.

En juillet 2011, Netflix manque pourtant de boire la tasse. Reed Hastings décide de séparer les tarifs de location par voie postale et via Internet. Le service DVD lui semble condamné, alors il crée une «offre DVD uniquement» sous le nom de Qwikster, et décide d'une augmentation de 60 % des tarifs d'abonnement couplés. Il compte ainsi faire passer en force ses abonnés sur la seule voie du streaming – la modernité à ses yeux. L'initiative passe très mal auprès du public, Netflix enregistre 800 000 désabonnements. Face à la fronde, son patron tourne une vidéo sur une terrasse de l'entreprise, en bras de chemise, où il s'excuse mais sans pour autant revoir ses plans : le service DVD sera bien filialisé, annonce-t-il. L'effet est catastrophique, la filialisation abandonnée. La presse, qui portait Reed Hastings aux nues un an plus tôt, suggère même qu'il doit démissionner. Deux mois après, il fait marche arrière et présente ses excuses sur son blog, mais la capitalisation de l'entreprise a déjà perdu 12 milliards de dollars.

En 2012, avec « seulement » 25 millions de clients aux États-Unis, Netflix fait face à l'arrivée de trois concurrents : HBO Go, le service à la demande de la chaîne payante HBO (équivalent américain de Canal+), Prime Instant Video d'Amazon, et enfin Hulu un service conçu par NBC Universal, la 21st Century Fox et Disney. Ce dernier est un concurrent redoutable sur le terrain américain, puisqu'il propose un abonnement à $7,99 par mois qui permet de visionner en direct une cinquantaine de chaînes nationales américaines, gratuites ou payantes. Netflix va donc réagir et s'imposer face à cette vieille garde audiovisuelle en commençant à négocier des droits avec des studios d'Hollywood pour nourrir son catalogue et signer des contrats exclusifs, comparables à ceux des chaînes de télévision payantes telles que HBO, Starz et Showtime. Ted Sarandos, directeur des contenus, un fidèle depuis 2000, est à la manœuvre depuis 2007, négociant des accords avec les studios hollywoodiens. L'idée étant d'investir dans ce qui fera la richesse de Netflix : des accords avec les studios pour enrichir son offre de films et surtout de séries à succès, peu après leur diffusion à la télévision.

Netflix signe en 2008, pour cinq ans, un contrat avec Starz (une chaîne payante équivalente à Canal+, propriété de Liberty Media Corp). Un contrat qui permet à la plateforme de se lancer, puisqu'il lui donne accès au catalogue de films de la chaîne, « dont des films des Studios Disney et Sony en première exclusivité », se souvient Bruno Delecour, fondateur de la start-up française Filmo TV, fin observateur des débuts de la SVoD aux États-Unis. Le montant s'élève à 30 millions de dollars – un prix dérisoire. « Avec ce contrat, Netflix a obtenu les droits de diffusion de ces films pour un montant très inférieur à leur valeur. Alors quand, fin 2011, Netflix a voulu le renégocier, en proposant plus de 10 fois le prix, Starz a refusé. » Or, renoncer à Starz, c'était renoncer à près de 1 000 titres disponibles en streaming, dont certaines des sorties les plus récentes des studios Disney et Sony. L'action de Netflix a chuté de 8 % suite à cette annonce, et ses abonnements risquaient d'être impactés. Hastings devait trouver une solution au plus vite. Il frappe un grand coup en annonçant en décembre 2012 un accord de *licencing* pluriannuel avec Disney qui se chiffre à 350 millions de dollars par an[1], estiment alors les analystes. Netflix arrache les droits des films Disney à Starz, et rompt du même coup son contrat historique avec celle-ci.

Netflix dépasse les 12 millions d'abonnés fin 2009. Les studios américains prennent conscience de la valeur ajoutée du service

1. « Netflix outbids Starz for rights at Disney movies », *AP*, 4 décembre 2012

qui leur permet de recycler les précédentes saisons de leurs séries phares et de recruter de nouveaux fidèles pour leurs épisodes en cours de diffusion sur Hulu, le concurrent lancé par les principaux *networks* américains en réponse à Netflix. « Mais tous les studios étaient déjà en contrats exclusifs avec HBO, Starz et Showtime ». Alors, Reed Hastings choisit une nouvelle stratégie : produire des séries, et ainsi devenir diffuseur en exclusivité, avant les chaînes à péage, pour attirer encore plus d'abonnés. « En 2011, Reed Hastings était en panne de programmes pour nourrir son catalogue, il a alors décidé de produire des séries », poursuit Bruno Delecour. Cela tombe bien, les séries télévisées avant-gardistes, telles *Sex and the City* ou *Six Feet Under*, produites au début des années 2000 par HBO, commencent à susciter un engouement. *House of Cards* marque le début d'une nouvelle étape. Il s'agit de la première série télévisée originale signée Netflix. Elle dispose d'un budget digne d'un blockbuster de cinéma : 100 millions de dollars pour les deux premières saisons ! Un budget que le patron de Netflix consent à investir, sans même avoir vu un pilote, selon la légende. Déjà sûr de la force de ses algorithmes, Reed Hastings est en effet persuadé que la série dirigée par David Fincher sera compatible avec les goûts de ses abonnés. Mais il prend soin d'acheter seulement l'exclusivité du streaming. Le producteur MRC a ainsi pu revendre les droits DVD à Sony et les droits étrangers à d'autres chaînes, comme Canal+ en France.

« Son idée était d'acheter des séries télévisées exclusives. Il a commencé par acheter des droits de diffusion aux États-Unis, puis considérant son développement à l'international, il eut l'idée de les étendre au monde » ajoute Bruno Delecour. C'était une première ; là encore, Reed Hastings a eu du flair. « Il avait à disposition, avec sa plateforme, un mode de diffusion simple, sur Internet, qui permettait d'atteindre le monde entier ; voire de contourner les réglementations locales », sourit Bruno Delecour. De fait, avec son mode de diffusion sur Internet en OTT, Netflix prenait de vitesse les chaînes payantes américaines contraintes par des coûteux systèmes de diffusion par câble. Justement, lui se voit comme le successeur des chaînes de télévision telles que nous les avons toujours connues. Dans une tribune publiée en avril 2013, intitulée « La vision à long terme de Netflix »[1], Reed Hastings l'écrit noir sur blanc. Pour lui, le modèle « linéaire » traditionnel de la télévision « est mûr pour être remplacé », et Netflix compte bien lui asséner le coup de grâce en proposant pour une somme modique ($7,99 par mois) un choix quasi illimité de programmes. Fin 2013, avec 30 millions d'abonnés aux États-Unis, Netflix vient de dépasser la star de la télévision payante, HBO.

En France, un précurseur branché : Canal+, premier roi de la TV payante sur abonnement

En France, c'est une autre affaire. Bien loin du modèle audiovisuel américain, les téléspectateurs de l'Hexagone ont le choix entre une poignée de chaînes publiques et privées via le canal

1. « Netflix long term view », http://files.shareholder.com/downloads/NFLX/2399389974x0x656145/e4410bd8-e5d4-4d31-ad79-84c36c49f77c/IROverviewHomePageLetter_4.24.13_pdf.pdf

hertzien, complétées par quelques autres sur la TNT (télévision numérique terrestre) depuis son lancement le 1er mars 2005, et d'autres encore via des bouquets vendus par abonnement. La télé par abonnement est un modèle qu'ils ont découvert dès 1984, grâce à une chaîne branchée et avant-gardiste : Canal+.

Assurément, avec la chaîne cryptée Canal+, les Français se sont habitués à ce modèle d'accès à l'audiovisuel. Encore une exception française. Voulue par François Mitterrand dès 1982, Canal+ est née d'un projet de chaîne culturelle « financée ni par la redevance, ni par la publicité », devenue chaîne à péage consacrée au cinéma et au sport. Depuis son lancement le 4 novembre 1984 par André Rousselet, ex-directeur de cabinet du président de la République, elle a habitué les Français à regarder une chaîne payante offrant des contenus exclusifs, accessibles via une sorte de box – le décodeur Canal+ – pour un abonnement de 120 francs (soit 18,46 €) par mois. Au contraire de l'américaine HBO qui rediffuse jusqu'à 50 fois ses films dans l'année, Canal+ caractérise sa grille de programmes par la multidiffusion limitée à six fois des films récents du cinéma international, la présence de sports peu diffusés ailleurs (boxe, basket-ball, golf…) et la prédominance du football qui deviendra son deuxième pôle d'attraction, sans compter les films « pour adultes » diffusés le premier samedi de chaque mois. Côté marketing, les abonnés sont chouchoutés, avec un luxueux catalogue mensuel édité de 1987 à 2013, *Canal+ Magazine* (rebaptisé ultérieurement *PLUS+*), qui présente la grille et les films que Canal+ est la première chaîne à diffuser.

Canal+ s'impose en bénéficiant d'une place à part dans la « chronologie des médias » qui régule la diffusion des films après leur sortie en salles. En tant que chaîne cryptée sur abonnement, elle est en effet la seule à pouvoir diffuser un film un an après sa sortie en salles, un délai identique à celui de la commercialisation des cassettes vidéo. Le principe de la chronologie des médias en France semble déjà gravé dans le marbre : en échange du préfinancement des films, les chaînes obtiennent une exclusivité de diffusion pendant un temps donné. Le délai est de trois ans pour les chaînes qui n'ont pas coproduit le film, deux ans pour celles qui ont coproduit le film, et donc un an pour Canal+.

Au fil des années, Canal+ a imposé son identité, l'« esprit Canal ». Un mélange de *coolitude*, d'humour potache et de culture cinéphile : de nombreux films programmés, la montée des marches du Festival de Cannes chaque année (elle est la seule chaîne française à pouvoir diffuser les cérémonies liées au Festival), et un ton et une identité teintés d'irrévérence dans plusieurs de ses émissions-phares (diffusées en clair). Dans le sillage de *Coluche 1 faux* (d'octobre 1985 à février 1986), les émissions *Les Nuls* puis *Nulle part ailleurs* présentée par le duo Antoine de Caunes-Philippe Gildas d'août 1987 à juin 1997.

En novembre 2014, à un an de l'arrivée de Netflix dans l'Hexagone, Canal+ fête ses 30 ans, avec une myriade de programmes surprise. Mais avec 6 millions d'abonnés en 2014 (CanalSat inclus, professionnels et outremer exclus), contre 6,39 millions fin 2008, elle voit son audience baisser depuis plusieurs années. L'arrivée de Netflix en France, et la nouvelle stratégie de Vincent Bolloré, le nouveau patron de Vivendi, accentueront cette tendance.

2

Les débuts de la révolution du tout-illimité culturel

Années 2000, Napster et consorts : les grands débuts du téléchargement (illégal)

Un petit retour en arrière s'impose aux débuts d'Internet dans l'Hexagone. En 1998, Internet a commencé à entrer dans les foyers. Seuls 570000 foyers français (soit 2,4 %) ont une connexion. Après des premières années laborieuses marquées par un débit limité à 56 kilo-bits par seconde, ils découvrent enfin l'Internet à haut débit en ADSL et l'avènement des forfaits Internet illimités. Un avant-gardiste, Free, lance en septembre 2002 son offre ADSL illimitée à 29,99 € par mois, avec un débit de 512 kbit/seconde en réception et 128 kbit/seconde en émission. Cette petite révolution va faire entrer dans les usages le partage de fichiers multimédia, qui a marqué l'histoire du Web, et entraîner de nouveaux modes de consommation des séries télévisées et des films.

C'est dès 1988 qu'émerge la start-up américaine Napster, créée par Shawn Fanning et Sean Parker. Ce dernier a déjà une petite notoriété dans la Silicon Valley. Précoce, il aurait appris la programmation informatique à l'âge de 7 ans sur un ordinateur Atari 800. Adolescent, il s'est « amusé » à hacker les réseaux de grandes entreprises, ce qui lui a valu une condamnation du FBI à des travaux d'intérêt général. Ambitieux et charismatique, il influera Mark Zuckerberg aux débuts de Facebook (comme le relate très bien le film *The Social Network* de David Fincher, où il est incarné par Justin Timberlake), qu'il présidera par ailleurs de 2004 à 2006.

À ses débuts, Napster est un service pour initiés qui permet aux internautes de se partager des fichiers en pair à pair (*peer to peer*). Très vite, la start-up se spécialise dans le partage de fichiers audios, de la musique en particulier. La plupart sont au format MP3, lequel s'impose comme le premier standard populaire de musique numérique. De fait, alors que le haut débit commence à se démocratiser, seuls des fichiers musicaux de type MP3 y circulent. Pour la première fois, une « communauté » d'internautes peut échanger facilement des chansons.

Ces fichiers MP3 symbolisent alors les promesses de libre circulation de la musique, à l'heure des débuts de l'économie 2.0. Pourquoi payer de nouveau des titres de musique que l'on a déjà achetés en CD ou en vinyle ? Mais de l'idéal communautaire d'un partage libre de contenus à la réalité du piratage, il n'y a qu'un pas… Cela conduit l'industrie de la musique à menacer, puis poursuivre en justice Napster, en l'accusant de violation massive du droit d'auteur. Pendant plusieurs années se poursuivra une guérilla opposant les opérateurs de ces systèmes d'échanges gratuits de fichiers aux industries culturelles qui les accusent d'écorner leurs ventes. En juillet 2001, la firme à la tête de chat doit cesser ses activités sur décision judiciaire, sous l'influence du puissant lobby des majors du disque, la *Recording Industry Association of America* (RIAA). Inéluctablement, Napster a créé de nouveaux usages chez les internautes, et leur a fait connaître la consommation dématérialisée de musique.

Dans son sillage, Napster ouvre la voie à de nombreux autres programmes *peer to peer* semblables : Gnutella, Freenet, Kazaa, LimeWire, eDonkey2000, et surtout le très populaire eMule, qui s'imposera jusqu'à la fin de la décennie 2000. À l'automne 2005, une brochette de ces start-ups, situées sur le territoire américain, reçoit un courrier de la RIAA, encore elle, exigeant qu'elles cessent toute activité sous peine de poursuites judiciaires. De cette manière, l'industrie du disque tente de couper court à ces nouveaux usages. « Ces décisions marquent un revirement d'ampleur : jusque-là, les services de P2P n'étaient pas jugés responsables des éventuelles activités illégales de leurs usagers, tout comme les fabricants de couteaux ne sont pas responsables en cas de meurtres. (...) C'est notamment pour cette raison que les majors du disque, à défaut de pouvoir torpiller les outils facilitant les échanges d'œuvres, avaient multiplié les procès contre les internautes usagers des services de P2P », souligne alors Florent Latrive dans *Libération*[1]. Clairement, chansons et albums ont quitté

1. Florent Latrive, « eDonkey fermé et ce sera pire pour l'industrie du disque », *Libération*, 3 octobre 2005

les CD pour s'échanger, être piratés sous des formats dématérialisés comme le MP3. C'est bien cette dématérialisation, le passage à la consommation numérique de masse, qui a occasionné l'obsolescence et la chute des ventes de CD. L'industrie musicale a ainsi vu son chiffre d'affaires tomber de 25 milliards de dollars en 1998 à 14,2 milliards en 2014.

Mais le MP3, comme le P2P, sont aussi à l'origine des premiers services légaux de musique sur Internet, comme iTunes qu'Apple dégaine au bon moment.

Apple et Spotify, les premiers géants légaux de la musique sur Internet

iTunes et l'iPod, « 1 000 chansons dans votre poche »

Face au phénomène *peer to peer*, les solutions légales sont tardivement apparues. Les GAFA commencent cependant à émerger en bâtissant des services d'accès aux contenus. Des constructeurs comme Apple, Sony et Microsoft proposent, à partir des années 2000, des services de téléchargement légaux, plus commodes et au lien de facturation bien établi. En 2001, Apple dégaine la première version d'iTunes. Au début simple lecteur de musique, il devient rapidement un gestionnaire de contenus multimédia. Steve Jobs double ce service d'un produit révolutionnaire pour l'époque, en phase avec les frémissements de la musique dématérialisée : l'iPod, qu'il dévoile le 23 octobre 2001. Ce petit boîtier plat et de la taille d'une carte bancaire, vendu $400, est un baladeur numérique doté d'un petit disque dur qui lui permet de stocker de la musique en format numérique via iTunes (qui permet de transférer des données depuis un ordinateur). « 1 000 chansons dans votre poche », promet alors le slogan.

C'est la consécration de la culture dématérialisée, sans support physique, déjà promue par les pionniers de Kazaa et consorts. En fait, Apple n'est pas le premier à lancer un baladeur numérique : d'autres, notamment le Français Archos, s'y sont déjà essayés. Mais la firme de Cupertino sait y mettre l'emballage marketing, et rendre ce produit d'*early adopters* désirable auprès de tout consommateur… Elle s'offre les services du groupe pop U2 pour son premier spot publicitaire, dans lequel le chanteur Bono apparaît en ombre chinoise, maniant son iPod. L'appareil se distingue par sa simplicité d'utilisation, notamment grâce à sa roulette, et par son design sobre et élégant. L'iPod sera ensuite décliné en iPod Shuffle, iPod Mini puis iPod Nano. En août 2010, les ventes d'iPod atteignent 275 millions d'exemplaires mais une innovation remplace l'autre : l'iPhone, qui apparaît en novembre 2007, intègre cette fonction de baladeur numérique, et rend *de facto* l'iPod obsolète. Fait révélateur, fin juillet 2017, au beau milieu des vacances estivales, Apple cesse en catimini de le commercialiser.

Parallèlement à ses baladeurs, Apple développe iTunes en lui ajoutant en avril 2003 (juin 2004 pour la France et l'Europe) l'iTunes Store, une plateforme d'achat de musique et d'autres contenus. Apple initie une nouvelle forme de transaction : l'achat de musique dématérialisée par téléchargement d'un morceau (0,99 € à l'unité à partir de 2007) ou d'un album entier (9,99 €). La boucle est bouclée : Apple a créé un écosystème autour de la musique numérique, avec ses appareils, sa bibliothèque numérique et sa plateforme de contenus payants. Un écosystème propriétaire et fermé, soulignent vite ses détracteurs. En 2007, iTunes occupe la troisième place du marché avec 27 millions d'utilisateurs, selon l'institut Nielsen, derrière le lecteur Windows Media de Microsoft et RealPlayer. Cependant, les prix pratiqués, très proches de ceux d'albums CD ou de DVD et Blu-ray – pour ne pas froisser la grande distribution – n'endiguent nullement la consommation illicite. D'autant que les années 2010 voient l'émergence d'un nouveau type de consommation chez les audiophiles, le streaming, soit l'écoute en direct sur Internet sans téléchargement.

Spotify, consécration de la musique dématérialisée

À l'avènement du streaming, le français Deezer et le suédois Spotify proposent, quant à eux, un service sur le modèle de l'abonnement à partir de 2006. Ils anticipent ainsi le mode de consommation – du streaming au *binge watching* – qui s'imposera ensuite pour la vidéo.

Lorsque Daniel Ek lance Spotify depuis la Suède en 2006, lui-même est un utilisateur fidèle de Napster. Il admire Sean Parker – qui investira 11,6 millions d'euros dans Spotify en 2010. Alors que plusieurs services pirates sont basés en Suède comme The Pirate Bay ou Kazaa, Daniel Ek a pour ambition de faire à nouveau payer la consommation de musique avec Spotify. Il recrute en Suède les meilleurs programmeurs et développeurs et lance un modèle freemium, qui combine un service d'écoute de musique gratuit (mais oblige à entendre des publicités) et un abonnement payant.

Puis il imagine un système de « playlists » musicales. La bonne idée : ces listes de titres sont préparées soit par les équipes de « curateurs » humains, soit par des utilisateurs, soit constituées par les algorithmes DJ de Spotify selon les goûts de l'abonné. Un concept que l'on retrouvera chez Netflix… Daniel Ek multiplie les rendez-vous à New York pour signer des accords avec les principales majors de disques, afin qu'elles cèdent leurs catalogues de titres. Résultat, elles obtiennent au passage 18 % des actions de Spotify. La plateforme est lancée en octobre 2008, d'abord en Suède et dans quelques pays européens, puis aux États-Unis en 2011 et dans le reste du monde. En mai 2018, 71 des 159 millions d'utilisateurs de Spotify ont souscrit à un abonnement payant. Insuffisant toutefois pour être rentable. Malgré sa domination, Spotify est toujours déficitaire, avec 378 millions d'euros de pertes opérationnelles en 2017. En cause : les offres à prix cassés qui ont pour but de recruter toujours plus d'adeptes, les accords de licence noués avec les labels et les droits d'auteur.

Avec des revenus en hausse de 60,4 % en 2017, le streaming compte désormais pour la moitié du chiffre d'affaires de l'industrie musicale, dont les ventes progressent de nouveau après des années de disette. Spotify a d'ailleurs engendré un modèle économique ambigu, défavorable à l'artiste. « Spotify paie d'abord les majors, puis il se paie, puis le reste va aux auteurs-compositeurs », résume le cinéaste Radu

Mihaileanu[1]. Il cite ensuite l'exemple d'un chanteur français connu : « Il touche 100 € pour 250 000 clics sur Spotify. Alors, il ne vit que des concerts. »

Une chose est sûre : l'industrie musicale a bien constitué, malgré elle, un cas d'école. Elle tente de s'adapter face à ces acteurs du nouveau monde, pas toujours légaux, après avoir sorti la matraque, s'être arc-boutée sur ses acquis, avoir testé de nouveaux formats et avoir passé des accords, tout en innovant à toute vitesse.

Avec Spotify, Deezer ou encore Apple Music et Amazon Music, l'internaute s'habitue à ce tout nouveau mode de consommation culturelle sur abonnement, qui lui permet d'écouter des singles ou des albums entiers, tout juste produits ou plus anciens, et ce de manière illimitée ; voire même de les dévorer, dans une forme de consumérisme. Les jeunes stars de la musique ont bien compris ce nouveau mode de consommation « à la Netflix ». En décembre 2013, la chanteuse pop Beyoncé publie d'un coup sur iTunes l'intégralité des 17 clips de son dernier album, intitulé en toute simplicité *Beyoncé*, sans promotion préalable ni teasing.

L'internaute s'habitue en outre à bénéficier d'une liberté d'accès totale à sa musique : où il veut et quand il veut. Il s'affranchit des « grilles » imposées par les radios et des contingences matérielles du disque. Un cas d'école qui n'allait pas rester sans suite, car sur lequel les autres secteurs culturels, tels que la presse, le livre et l'audiovisuel, ont très vite eu les yeux braqués.

1. Entretien avec l'auteure, le 12 avril 2018

Le piratage, voilà l'ennemi !

Dignes héritiers de Napster, Kazaa et consorts, une flopée de sites de téléchargement pirates ont fleuri sur la Toile. Musicaux, mais aussi vidéos, car ces pratiques – téléchargement, partage de fichiers – qui ont émergé avec la musique se développent aussi dans la vidéo. Cette nouvelle génération de services est diaboliquement efficace. La plateforme suédoise The Pirate Bay, lancée en 2003, est ainsi devenue le plus célèbre marché culturel d'Internet : gratuité totale, illégalité quasi absolue, faux fichiers en pagaille, et autant de procès. Malgré des fermetures répétées, le site est réapparu en 2015 en version allégée, quelques semaines seulement après une énième fermeture.

Citons également Megaupload, un site de piratage de films créé en 2005 par Kim Dotcom et fermé en janvier 2012 par la justice des États-Unis, qui reposait sur la communauté de ses utilisateurs. Megaupload permettait à un internaute de mettre en ligne n'importe quel type de fichier dans la limite de 1 Go pour les utilisateurs libres, et sans limite pour les utilisateurs Premium.

En parallèle se développent d'autres modèles de distribution, comme celui des *torrents*, des fichiers qui indiquent à des logiciels spécialisés (comme BitTorrent ou LimeWire) à quels ordinateurs se connecter pour télécharger un film, une musique ou un jeu vidéo. En 2014, lorsque Netflix arrive en France, l'un de ces services est particulièrement en vogue : créé par une équipe de développeurs argentins, il répond au nom innocent de Popcorn Time. Comme sur Megaupload, une kyrielle de films et séries y sont disponibles en version originale, avec souvent la possibilité d'activer des sous-titres ajoutés par la communauté d'internautes. Des œuvres volées, mises à disposition gratuitement sur Popcorntime.io, à l'interface simple et élégante. La technique ressemble à du streaming, mais il s'agit en réalité de téléchargement en *peer to peer.* Le film se charge au fur et à mesure qu'il est visionné. Par conséquent, un internaute qui l'utilise peut être sanctionné par l'Hadopi (Haute autorité pour la diffusion des œuvres et la protection des droits sur Internet). Mais en 2015, cette instance de contrôle est elle-même en perte de vitesse, faute de budget. Fin 2015, la puissante *Motion Picture Association of America* (MPAA), qui représente les ayants droit du cinéma aux États-Unis, obtient la fermeture de la version principale de Popcorn Time.

À tout prendre, les producteurs de cinéma préfèreront donc que Netflix réussisse son décollage en France, pour contrer les pirates… « Notre principal ennemi, c'est le piratage, et ce sera aussi celui de Netflix. Eux, au moins, ils paient les programmes qu'ils diffusent », souligne alors un producteur.

Premières tentatives d'offre de vidéo légales en France

En France aussi, des précurseurs tentent de développer des offres légales de services d'accès aux contenus, sortes d'adaptations digitales du vidéoclub qui se veulent des alternatives au téléchargement illégal et aux nombreuses offres de vidéo à la demande. Les idées ne manquent pas…

Un pionnier français, Glowria, aujourd'hui pratiquement tombé dans l'oubli, avait par exemple imaginé un système proche de celui de Netflix. Créé en 2003 par Mihai Crasneanu et Frédéric Baschet, le service en ligne avait commencé par proposer la location de DVD, envoyés puis retournés par La Poste. C'était le Netflix français avant l'heure, à l'orée même de la popularisation du streaming vidéo. Le service dispose en 2007 d'un catalogue de 12 000 titres lorsqu'il lance son offre de vidéo à la demande (VoD), pour des locations d'une durée allant de 24 à 48 heures, à des prix compris entre 0,99 € à 4,99 €. Pour environ 15 €, l'utilisateur pouvait même acheter définitivement le fichier. Glowria fait bénéficier de son savoir-faire en matière de VoD à des opérateurs télécom (Neuf Cegetel, SFR) et à des distributeurs (Fnac, Darty), et noue des accords d'approvisionnement auprès des majors du cinéma (Warner, Universal, Sony, Paramount, EuropaCorp, Pathé, Gaumont) et des chaînes (TF1, M6, MTV). Il est finalement acquis fin 2007 par Netgem, qui fabrique des décodeurs de télévision.

Autre exemple, Moovyplay, un service de location de vidéos en téléchargement sur disque dur, lancé fin 2007 en phase pilote[1]. C'est cette fois l'idée du groupe CPFK, qui possède les enseignes Vidéo Futur, Cinebank et Vidéo Pilote. Il teste ce nouveau service depuis fin 2007 dans 24 de ses vidéo-

1. Capucine Cousin, « Des vidéoclubs cherchent la parade au téléchargement sur Internet », *Les Échos*, 6 mars 2008

clubs franchisés Vidéo Futur, après avoir conçu un disque dur avec le constructeur français Archos. D'une capacité de 40 Go, celui-ci peut contenir environ 40 films au format Windows Media. Des *watermarks*, tatouages numériques, sont destinés à éviter tout piratage. En magasin, le client peut connecter son lecteur de films sur une borne *ad hoc* et télécharger les titres de son choix. Il relie ensuite le boîtier à son téléviseur via une prise Péritel pour visionner les films. Comme pour la vidéo à la demande (VoD), une fois les titres chargés en vidéoclub, l'utilisateur a 30 jours pour les regarder. Il paie ses films directement au vidéoclub, ou juste avant de les visionner, en envoyant un SMS à un numéro dédié. Mais le service a pêché par le prix : environ 4 € par film loué en sus du prix de la box, soit 149 € à l'achat ou 7 € par mois en location. Il était en outre confronté aux « magnétoscopes numériques » inclus dans les box telles que la Freebox HD ou la Livebox d'Orange, qui proposent elles aussi des services de vidéo à la demande. Quoi qu'il en soit, l'expérience sera de courtes durées : CPFK est en redressement judiciaire en juillet 2008 et son repreneur Glowria, ne poursuit pas l'aventure Moovyplay.

C'est toujours dans cette même quête d'offres légales, pour contrer le téléchargement illégal, que Frédéric Sitterlé lance en 2009 mySkreen. L'entrepreneur s'est fait connaître en fondant en 1997 le site Sports24.com, revendu en 2006 au Groupe Figaro. mySkreen compte près de 700000 programmes disponibles lors de son lancement le 30 juin 2009. Le service recense l'offre légale de VoD et replay TV des chaînes françaises afin de permettre à son utilisateur de trouver et de visionner des programmes télévisés disponibles en ligne. C'est, par conséquent, une sorte de moteur de recherche de programmes ; les résultats affichés permettant en un clic d'être redirigé vers des plateformes légales, gratuites ou payantes (Canaplay, Arte.tv, MYTF1, YouTube...). La recherche inclut aussi la grille TV à venir dans les 15 prochains jours. « Il fallait réinventer en quelque sorte le guide des programmes TV », explique aujourd'hui Frédéric Sitterlé[1].

Pourtant, cette offre aussi avortera. Certes, il rachète en 2009 Vodeo.tv, une plateforme de VoD spécialisée dans les documentaires, et monte un modèle économique de paiement à l'acte à partir d'un « portefeuille universel » (par exemple sur FilmoTV ou UniversCiné), ou sur abonnement, pour 8 € par mois avec un accès illimité au catalogue de Vodeo. Trop tôt, peut-être : l'abonnement a suscité des réticences chez les studios, effrayés par l'illimité, et « le danger était que le modèle économique ne dépende plus du nombre de visionnages », se souvient Frédéric Sitterlé. L'illimité susceptible de faire perdre de la valeur à l'œuvre : ce sont précisément les débats que suscitent aujourd'hui (encore) le modèle sur abonnement propre à Netflix. Pour réagir, Frédéric Sitterlé tente de monter ce qui aurait pu être une amorce de « Netflix à la française », moyennant un partenariat avec l'INA (Institut national de l'audiovisuel), cette structure parapublique chargée de l'archivage de l'audiovisuel dans l'Hexagone, ainsi que TF1, Canal+ et M6. En octobre 2010, la presse évoque même un apport de 10 millions d'euros

1. Entretien avec l'auteure, 22 mai 2018

par l'INA, moyennant une entrée au capital de la start-up, aux côtés du Groupe Figaro (21 %) et du fonds d'investissement Habert Dassault Finance (22 %). Cependant, le projet n'aboutit pas, entre autres « à cause d'une bataille politique entre des ministres d'alors ». Frédéric Sitterlé doit se résoudre à la liquidation judiciaire en mars 2015, quelques mois après l'arrivée de Netflix en France. Ironie du sort, au même moment, le CNC (Centre national du cinéma), lance son propre moteur de recherche de VoD, vad.cnc.fr.

3

L'ascension fulgurante de Netflix

Les séries télé haut de gamme en vogue dans l'audiovisuel des années 2000

C'est un terreau sur lequel Netflix et consorts ont pu bâtir leur montée en puissance. Genre télévisuel longtemps relégué au second plan, les séries télévisées connaissent un âge d'or depuis le début des années 2000, portées par une nouvelle génération de fictions ambitieuses. Cet engouement s'accompagne d'une légitimité culturelle fraîchement acquise : les séries sont devenues l'un des meilleurs symboles de la culture pop. Elles se réapproprient les codes d'une culture minoritaire pour les diffuser à un public plus large. Elles racontent la société d'aujourd'hui, telle qu'elle est. Les séries ne sont pourtant pas une invention récente, ce format a plus de soixante ans et puise ses origines encore plus loin dans le temps : elles sont les héritières du roman-feuilleton du XIXe siècle publié dans la presse (comme *Belle de jour* de Joseph Kessel dans *Gringoire*, ensuite décliné en roman), des séries cinématographiques et des feuilletons radiophoniques.

En France, dans les années 1980 et 1990, le genre était dominé par des séries américaines héritées des *soap operas*, comme *Dallas* et son univers impitoyable, *Santa Barbara* et les déboires d'une puissante famille, *K 2000* et sa voiture commandée par une intelligence artificielle ou encore *Beverly Hills 90210* et le quotidien rose d'adolescents aisés. Du côté français, AB Productions imposait alors sur TF1 des sitcoms bon marché pour adolescents, comme *Hélène et les garçons*. TF1 autant que France 2 misent autant sur des fictions policières (*Navarro, Julie Lescaut*, etc.) que sur des fictions faisant l'éloge de la solidarité (*L'Instit*).

Le phénomène Urgences

Les années 1990 marquent un premier virage avec l'arrivée d'un ovni sur France 2, tous les dimanches soir à 21 heures, à partir de juin 1996. C'est la première fois que la chaîne de service public diffuse une série américaine le dimanche soir en *prime time*, au lieu du traditionnel film dominical ! Nom de code : *Urgences*. Cette série, initialement diffusée sur NBC, créée par l'écrivain à succès américain Michael Crichton (le père de *Jurassic Park*) est basée sur son expérience d'ancien interne en médecine dans des urgences surchargées. Il y met en scène la vie quotidienne du service des urgences de l'hôpital universitaire (fictif) Cook County de Chicago. Surprise, cette série attire chaque semaine, pour les premières saisons, jusqu'à 6 millions de téléspectateurs peu habitués à ce genre télévisuel.

Avec son défilé d'hommes et de femmes en blouse dans les couloirs et les salles d'opération, son rythme rapide, ses dialogues techniques à la précision presque documentaire, son scénario centré sur les médecins et ses litres de sang, la série impose un style et rencontre le succès. Elle révèle des futures stars, comme George Clooney dans la peau du beau Dr Ross, ou Julianna Margulies incarnant l'infirmière Carol Hathaway (depuis héroïne de la série *The Good Wife).* Dans un même épisode, plusieurs cas médicaux sont traités, plusieurs problèmes de société évoqués. Au-delà de la simple « série médicale », *Urgences* devient vite très populaire parce qu'elle traite de sujets universels : le monde du travail, les relations entre salariés et divers problèmes de société rencontrés au quotidien. Ce show diffusé durant 15 saisons ouvre alors la voie à l'âge d'or des séries télévisées américaines et crée un début d'addiction pour de nombreux sériephiles.

Fictions ambitieuses, la touche HBO

Au début des années 2000 débarque sur le petit écran une nouvelle génération de fictions ambitieuses, autres que les traditionnels *soaps* américains. Les séries sont devenues le terrain de jeu de chaînes américaines, qui préparent le terrain pour Netflix et Amazon Studios. La frontière entre télévision et cinéma s'érode peu à peu.

Difficile de retracer ici tout l'historique des séries des années 2000[1], mais nous pouvons en brosser un rapide aperçu. Se distinguent alors la série politique *À la Maison Blanche* (1999-2006), produite et diffusée par NBC, et le polar *NYPD Blue* (1993-2005) par ABC.

HBO, chaîne à péage indépendante des annonceurs et disposant de fait d'une certaine liberté de ton (comme Canal+ en France), impose quant à elle des séries avant-gardistes, dans des genres divers. *Sex and the City*, créée par Darren Star, raconte en 94 épisodes l'histoire de quatre amies new-yorkaises branchées, trentenaires et célibataires, d'après un recueil de chroniques écrites par la journaliste Candace Bushnell (le personnage Carrie Bradshaw dans la série). En passant au scalpel les relations hommes-femmes, *Sex and the City* innove par son ton impertinent et féministe, ainsi que par sa mise en scène (Carrie s'adresse directement au téléspectateur, face caméra, durant les premières saisons). 6 saisons seront tournées entre 1998 et 2004, diffusées en France à partir du mois d'août 1999 sur Téva, puis un an après sur M6.

Une autre production HBO tire un cran plus haut le décalage avec *Six Feet Under* (« Six pieds sous terre ») qui narre le quotidien… d'une famille de croque-morts à la tête d'une société de pompes funèbres à Los Angeles. La série, qui se distingue par son humour caustique, est diffusée en

1. Voir pour cela l'excellente frise chronologique des séries télévisées dressée par l'Université populaire des images (Upopi) http://upopi.ciclic.fr/apprendre/l-histoire-des-images/histoire-des-series-televisees

septembre 2001 sur Jimmy, puis partiellement sur Canal+ et France 2, avant de passer intégralement sur France 4.

Ultra réalisme

D'autres séries, à l'audience parfois limitée mais au succès critique avéré, ont pour point commun d'avoir une approche quasi-documentaire de l'Amérique des années 2000. *Les Soprano* de David Chase, l'un des gros succès de HBO en 1999, suit Tony Soprano, petit parrain de la mafia du New Jersey, partagé entre sa psychanalyste, sa vie familiale et les règlements de compte de son clan. *The Wire*, plus confidentielle, se distingue par son approche très réaliste de la criminalité dans la ville de Baltimore. Elle brosse le portrait de policiers, de trafiquants en tous genres et de politiciens.

Cette témérité imprègne les autres chaînes câblées américaines, comme FX avec *The Shield*, qui met en scène Vic Mackey, un inspecteur de police aux méthodes peu conventionnelles, oeuvrant dans un quartier fictif et malfamé de Los Angeles appelé Farmington. Ou encore *Nip/Tuck*, qui cerne Sean McNamara et Christian Troy, deux chirurgiens esthétiques sans trop de scrupules à la tête d'une clinique aisée à Miami, dans laquelle ils reçoivent des patients parfois étranges.

Cette créativité s'impose également en Europe. Notamment en Grande-Bretagne avec *The Office*, une série de Ricky Gervais marquée par le style acéré de celui-ci, qui prend la forme d'un faux documentaire tourné par une équipe de télévision dans une entreprise de vente de papier dénommée Dunder Mifflin. Mais aussi en Italie, avec *Gomorra*, adaptation du roman de Roberto Salviano sur deux clans de la mafia napolitaine, et en France, où la politique ambitieuse lancée par Canal+ en 2005 avec le polar *Engrenages* sert de locomotive à l'ensemble du PAF, le paysage audiovisuel français.

Le basculement numérique et le développement des sites de partage illégal sur Internet ne sont pas sans rapport avec cette émulation créative qui touche les séries. Certaines d'entre elles s'imposent à présent sur les deux supports, SVoD et télévision, comme le blockbuster *Game of Thrones*, adaptation de la série de romans écrits par George R. R. Martin, diffusée à partir d'avril 2011 sur HBO. Connue pour ses coups de théâtre (*cliffanghers*) successifs, elle est également réputée pour être l'une des séries les plus chères de l'histoire (son budget, fixé à 50 millions de dollars pour la première saison, atteint à présent le double), mais aussi l'une des plus piratées en 2013.

« Tous les épisodes dès maintenant ! » : Netflix, ce créateur du *binge watching*

Lorsque Netflix lance *House of Cards*, la première série que l'entreprise coproduit, le 1er février 2013, la plateforme propose l'ensemble des épisodes de la première saison d'un bloc. Une première. L'internaute peut les visionner à sa guise, quand il veut. Bienvenue dans l'ère du *binge watching*. « Tous les épisodes dès maintenant ! », « À regarder où et quand vous le souhaitez, seulement sur Netflix » : l'argumentaire publicitaire, un rien arrogant, est déjà rodé. C'est une autre révolution culturelle induite par Netflix et les autres services de vidéo à la demande par abonnement (SVoD) : plus question d'attendre religieusement la diffusion au compte-goutte, chaque semaine, de quelques épisodes de sa série préférée sur une chaîne de télévision. Le téléspectateur a désormais la liberté de visionner ses séries à son propre rythme (y compris de manière compulsive), sans dépendre du diffuseur. Cette liberté de visionnage offerte par Netflix (« où je veux, quand je veux ») est une étape de plus dans l'appropriation du pouvoir par le public, qui avait déjà été amorcée avec les débuts du Web 2.0 et ses outils de partage de contenus en temps réel, des blogs à Wikipedia, en passant par Youtube (voir page 52).

Netflix commence à rendre ces usages *mainstream* chez des téléspectateurs qui découvrent tout juste la télévision de rattrapage (le replay, dit aussi *catch-up TV*). L'ergonomie même du service incite à enchaîner allègrement les épisodes : inutile de les télécharger, on peut les lire instantanément grâce au streaming. Le premier épisode de la série achevé, le service nous suggère de passer directement au suivant, en zappant le générique de fin, et bien sûr sans avoir à subir de la publicité qui nous inciterait à arrêter. Par défaut, l'épisode suivant est lancé automatiquement au bout de quelques secondes. Au début de chacun, pour « gagner du temps », Netflix suggère même de zapper son générique.

Ted Sarandos, directeur des contenus de Netflix, revendique d'ailleurs ce nouveau modèle de consommation. Dans son esprit, on doit pouvoir aborder un film ou une série comme un livre : on peut le lire quand on veut, où l'on veut, et le dévorer si on le souhaite. « Mais vous savez, on n'a rien inventé : le livre était le medium originel du *binge watching*. Quand on veille tard le soir pour lire un maximum de chapitres, c'est la même chose. Nous avons simplement transposé cette idée à la télé. » Et c'est ainsi que Netflix, en nouveau trublion de l'audiovisuel, révolutionne le secteur des séries télé et la façon de « consommer » des fictions, et dicte ses règles. Pour faciliter ces usages, certaines formules d'abonnement permettent en outre de visionner les contenus sur plusieurs écrans. Commencer à visionner une série sur son téléviseur, puis la poursuivre sur sa tablette entre donc également dans les usages.

Bon an mal an, les autres chaînes de télévision ont suivi. « Les prochaines séries de la BBC 1 seront disponibles à raison d'un épisode par semaine à l'antenne, et tous les épisodes d'un coup sur leur plateforme web iplayer », vante-t-il dans une interview[1] au *Point* en 2017. Canal+ a également adopté ce mode de diffusion : après avoir décroché les droits exclusifs de diffusion de *House of Cards* en France, lors de la sortie de la très attendue saison 3, la chaîne française a proposé d'un bloc toute la saison sur son service maison de SVoD, CanalPlay. Elle n'a pas vraiment eu le choix, car la saison 3 était également lancée intégralement outre-Atlantique sur Netflix US, au même moment. Les abonnés au Canal+ classique ont dû, quant à eux, attendre quelques semaines pour la découvrir – par épisodes égrenés.

1. Philippe Guedj, « Hastings : côté cinéma, Netflix est excellent partout, sauf en France », *Le Point*, 30 mars 2017

Canal+ avait déjà expérimenté cette nouvelle offre lors de la sortie des dernières saisons de *Mafiosa* et *Engrenages* en 2015, ses séries-stars *made in France.* La chaîne proposait le même jour l'ensemble des saisons précédentes en vidéo à la demande.

Même la très sage France Télévisions se fait alors violence : à la veille de la diffusion sur son antenne de la saison 2 de la série britannique *Broadchurch*, France 2 offrait une séance de rattrapage en rediffusant la première saison de huit épisodes, en une salve, dans la nuit du dimanche 5 au lundi 6 avril 2015. Au même moment, au printemps 2015, le festival de séries télé Séries Mania, au centre Pompidou à Paris, annonce dans son programme des « séances marathons » de séries, à s'engloutir plusieurs heures d'affilée.

Les séries, le laboratoire de Netflix

En coproduisant ses premières séries télévisées, Netflix prend une autre dimension. De simple diffuseur et distributeur de contenus, il devient producteur. Lorsque l'expression « séries originales » commence à apparaître dans le vocable maison, elle induit l'idée de contenus exclusifs, haut de gamme, réservés aux seuls abonnés Netflix. En réalité, au début, les « séries originales » Netflix sont des séries qu'il propose en exclusivité, mais qu'il ne produit pas. Mais en 2012, alors que son service est disponible dans 41 pays, Netflix a déjà engrangé 3,6 milliards de dollars de chiffre d'affaires (même si, avec un résultat net de 17,1 millions de dollars seulement, l'entreprise peine à être rentable ; l'une de ses fragilités constantes).

Alors Netflix, qui ne manque pas d'argent, va très vite faire en sorte de signer avec des noms prestigieux, parfois venus du cinéma. La plateforme finance ses séries originales de façon différente des « vieux » réseaux de télévision : elle fournit de l'argent à l'avance, et commande d'emblée deux saisons la plupart du temps. C'est ainsi qu'elle fait ses débuts de manière remarquée en 2013 en tant que coproducteur de *Lilyhammer* et de *House of Cards*. Si la seconde est connue, la première connaîtra un succès plus discret. *Lilyhammer* raconte, en 12 épisodes de 45 minutes chacun, l'histoire d'un « fixeur », ancien parrain de la mafia italienne de New York, transféré à Lillehammer en Norvège. La série est diffusée conjointement sur NRK1 en janvier 2012 en Norvège, et depuis février 2012 sur Netflix aux États-Unis et Canada. Il s'agit de la première coproduction de Netflix avec une chaîne norvégienne.

House of Cards, *un cas d'école*

House of Cards est produite avec un budget digne d'un blockbuster de cinéma : 100 millions de dollars pour les deux premières saisons ! Ce « Netflix original » n'est pas une production maison, mais une acquisition distribuée exclusivement par Netflix sur sa plateforme en février 2013. Cette série, adaptation d'une série britannique, met en scène Frank Underwood, un homme politique prêt à tout pour occuper le siège du Président des États-Unis et s'y maintenir par tous les moyens. Elle se distingue très vite par son ton très réaliste sur l'ambition politique, et sur son apparent cynisme.

Autre innovation dans la narration, Frank Underwood, narrateur de son propre récit, le commente parfois par des apartés adressés directement au téléspectateur, face caméra. La première saison s'ouvre ainsi dans les rues de Washington, où Underwood tue un chien blessé par une voiture en l'étranglant, puis s'adresse au spectateur en affirmant qu'il faut parfois faire des choses déplaisantes, mais nécessaires. Quelques minutes après, est mise en scène l'introduction de l'épouse de Frank, Claire, à la tête de *Clean Water Initiative*, une ONG qui effectue des forages dans des pays en développement afin d'assurer un accès à l'eau potable. Elle décide un jour de renvoyer la moitié de son équipe, malgré l'opposition vaine de la directrice des ressources humaines, elle-même licenciée. Il apparaît dès ces premières minutes que Claire partage le même rationalisme sans pitié et la même soif de pouvoir que son époux…

À la réalisation, un cinéaste de renom, David Fincher (*Seven*, *Fight Club*). Lui, dit – déjà – trouver à la télévision une liberté qu'Hollywood ne lui accorde plus. La série, au casting haut de gamme (avec les acteurs américains Kevin Spacey et Robin Wright) décrochera trois Emmy Awards pour sa première saison. Un vrai brevet de respectabilité. Elle est également vendue aux chaînes de télévision du monde entier. En France, où l'on imagine encore peu l'arrivée de Netflix, Canal+ réalise en 2013 un joli coup en remportant les droits de diffusion. « Les droits monde avaient été acquis par Sony Pictures, et j'ai acheté les droits pour la France, pour Canal+ », raconte Manuel Alduy[1], ancien directeur de Canal OTT, maintenant senior vice président des ventes et du développement chez la 20th Century Fox en France. C'est ainsi que Canal+ commence à diffuser la saison 1 de *House of Cards* en avril 2013. La chaîne dispose encore des droits – exclusifs – de diffusion des trois premières saisons lorsque Netlix se lance en France, le 15 septembre 2014. Ne pouvant donc pas proposer sa propre série-phare à ses abonnés français, la plateforme attendra début 2016 pour récupérer les droits de diffusion, à l'occasion de la sortie de la saison 4.

Acquisitions prestigieuses

Malin, Netflix commence à acquérir les droits de séries prestigieuses dès 2011. Dont ceux de *Star Trek, Twin Peaks* (la série-culte du cinéaste David Lynch) ou encore *La Quatrième Dimension*. Des séries anciennes, certes, mais populaires. En avril 2011, il frappe un grand coup en mettant la main sur les droits de diffusion exclusifs sur le web (donc en streaming) de *Mad Men*. La série, créée en 2007, diffusée sur AMC (jusqu'en 2015), s'est déjà taillée un beau succès critique, bardée de 13 Grammy Awards et 4 Golden Globes. Écrite par le *showrunner* (réalisateur-producteur) Matthew Weiner, formé à l'école *Les Sopranos*, dans une mise en scène rétro, elle raconte l'Amérique et la consommation

1. Entretien avec l'auteure, 28 mars 2018

des 30 Glorieuses à travers le quotidien des employés d'une agence de publicité new yorkaise, Sterling Cooper, et notamment d'une équipe de « pubeux » et de son directeur créatif, Don Draper (Jon Hamm). En 2011, la série, peu connue en France, est diffusée depuis 2008 – en crypté – sur Canal+. Certains se demandent alors si Netflix, en enrichissant ainsi son catalogue, ne prépare pas tout simplement son arrivée en Europe[1]...

Dans la foulée, en novembre 2013, Netflix annonce un mirifique contrat avec Disney et Marvel Television (Marvel étant une filiale de la Walt Disney Company depuis 2009). La presse évoque alors un budget de 200 millions de dollars pour 60 épisodes. En s'alliant au célèbre éditeur de *comic books* américain, Netflix assure son avenir en misant sur l'adaptation en séries télévisées des BD consacrées aux super-héros de l'écurie Marvel : *Daredevil* et *Jessica Jones* en 2015, puis *Luke Cage* en 2016, le maître du kung-fu *Iron Fist* en mars 2017. La minisérie *The Defenders*, en août 2017, réunit Daredevil, Jessica Jones, Luke Cage et Iron Fist. Cette collaboration ne s'arrête pas là : le *Punisher* arrive sur Netflix en novembre 2017, les saisons 2 de *Jessica Jones* et 3 de *Daredevil* en 2018, *Luke Cage* saison 2 en juin 2018... Avec ces séries de super-héros, Netflix parvient même – déjà – à développer des ponts avec le cinéma. Ce sera toujours son idéal. Certes, les critiques sont assassines, mais Netflix a l'assurance de nourrir son catalogue pour plusieurs années, et a gagné une respectabilité durable auprès des geeks, ces fondus de nouvelles technologies – et

1. Capucine Cousin, « Netflix, futur HBO du Web ? » *Stratégies*, 21 avril 2011

de super-héros. Le tout avec des records de *binge watching* à la clé, et de nouveaux abonnements garantis ; c'est bien l'objectif. Les deux partenaires sont gagnants : Marvel TV en profite pour muscler son savoir-faire et augmenter sa production.

Toujours en 2013, Netflix décroche auprès de Walt Disney Company la diffusion de la série télévisée *Star Wars : The Clone Wars,* issue de l'univers de Star Wars, soit cinq saisons et un long-métrage. De quoi, à nouveau, enrichir son catalogue geek. En mars 2014, une sixième et dernière saison de 13 épisodes sera produite, *The Lost Mission*, alors même qu'elle avait été annulée par Lucasfilm en mars 2013, quelques mois seulement après son rachat par Disney, lorsque la série était encore diffusée sur Cartoon Network.

Lancer et arrêter des séries à gros budget

À côté de ces blockbusters, Netflix soigne son image de défricheur en sortant des séries originales « d'auteur ». La série de science-fiction *Sense8*, diffusée en juin 2015, commandée par Netflix à Lana et Lilly Wachowski, stars de la SF depuis la saga *Matrix*, en fait partie. Cette série onirique, construite autour de huit personnages principaux, des inconnus répartis sur le globe soudainement liés entre eux par la pensée, puis traqués pour ces pouvoirs, s'est imposée comme un récit d'émancipation face aux institutions. Autre bijou que propose Netflix en 2014 et 2015, *Bloodline*, chronique familiale à l'ambiance poisseuse qui se déroule en Floride. Citons également *Narcos*, première série tournée en Colombie et en partie en espagnol, confiée au réalisateur brésilien José Padilha, qui retrace la poursuite du baron de la drogue mexicain Pablo Escobar et du cartel de Medellin. Ou encore *The Get Down*, première série musicale commandée par Netflix, réalisée par Baz Luhrmann (*Romeo + Juliette, Moulin Rouge*), qui raconte les débuts du hip-hop dans le Bronx dans les années 1970.

Pourtant, en juin 2017, à une semaine d'intervalle, Netflix arrête deux de ces séries, *The Get Down* et *Sense8*, tout juste après la diffusion de leur seconde saison. La mobilisation sur les réseaux sociaux des fans de *Sense8* et une pétition signée par plus de 240 000 personnes en une journée, réclamant une troisième saison, n'y font rien. Netflix accepte néanmoins la diffusion d'un dernier épisode-événement d'une durée de 2 h 30 – la durée d'un long-métrage ! – le 8 juin 2018. La liste des programmes arrêtés par la plateforme de streaming ne s'arrête pas là : *Bloodline, Hemlock Grove, Lilyhammer, Marco Polo*... Ces premiers arrêts de séries-phares sont un crève-cœur pour les fans et une remise en question pour les cinéastes convertis au petit écran. Le point commun de ces séries ? Plus exigeantes et *arty* que les blockbusters de Marvel, réalisées par des pointures venues du grand écran, dans des registres divers (science-fiction, musique...). Elles assurent une vitrine prestigieuse à Netflix, mais lui coûtent cher, très cher : au moins 120 millions de dollars pour la première saison de *The Get Down* selon *Variety*, 108 millions de dollars pour celle de *Sense8*, 90 millions pour *Marco Polo*... Contre « seulement » 40 millions de dollars par saison pour une série Marvel ! Même si Baz Luhrmann prétexte alors sur sa page Facebook le manque de temps pour expliquer l'arrêt de sa série : « La vérité simple est que je fais des films. (…) Depuis que *The Get Down* s'est arrêté, j'ai passé les derniers mois à préparer mon nouveau travail cinématographique… » Dans un entretien avec la chaîne américaine CNBC, en juin 2017[1], Reed Hastings insiste : « Je mets toujours la pression sur l'équipe qui gère les contenus : nous devons prendre plus de risques, essayer davantage de choses dingues. Et nous devrions avoir un ratio d'annulations plus élevé globalement. »

Puisque Netflix ne communique guère sur ses audiences, impossible de savoir pour quelle raison précise il décide d'arrêter brutalement une série. Il y a sans doute de sa part une volonté de créer le « buzz », relayé sur les réseaux sociaux, en nourrissant régulièrement sa plateforme de nouveautés. Pour Netflix, la création de nouvelles séries est vitale afin d'attirer de nouveaux abonnés ; quitte à y mettre fin assez vite, pour injecter au plus vite de la nouveauté sur sa plateforme.

Débaucher des réalisateurs et acteurs de cinéma pour des séries

L'industrie de la télévision avait déjà largement fêté le passage de Netflix à l'âge adulte en lui attribuant, depuis

1. « Netflix CEO : Amazon is so scary », CNBC, 31 mai 2017

2013, 17 Emmy Awards, les trophées américains du genre, dans des catégories majeures. En 2015, Amazon a suivi, avec ses cinq premiers Emmys.

Netflix, ainsi qu'Amazon dont nous reparlerons, n'ont pas tardé à recruter des réalisateurs de cinéma pour réaliser des séries. Une manière de s'offrir des talents et une légitimité. De leur côté, certains réalisateurs acceptent volontiers de travailler sur des séries, considérant qu'ils disposent d'une plus grande liberté créative. Les séries sont ainsi devenues un nouveau terrain de jeu durable pour les réalisateurs issus du cinéma. En outre, dès 2013, alors qu'émergent des séries haut de gamme sur Netflix, les frontières entre télévision et cinéma deviennent poreuses. La projection dans une salle de cinéma au festival de Cannes, en mai 2017, de deux épisodes de la nouvelle saison de *Twin Peaks*, l'étrange série de David Lynch créée en 1990, en est un témoignage. D'éminents réalisateurs « plongent » : Martin Scorsese avec *Boardwalk Empire* (pour HBO), David Fincher avec *House of Cards* donc (qui a replongé depuis avec la série Netflix *Mindhunter*), Lana et Lilly Wachowski pour la série *Sense8*, ou encore Baz Luhrmann pour *The Get Down*... Amazon, quant à lui, s'est offert les services de Woody Allen pour sa première série télévisée, *Crisis in Six Scenes*, diffusée en mars 2017. L'histoire en six scènes (et autant d'épisodes) de Sidney Munsinger (Woody Allen), ancien publicitaire et romancier raté des années 1960, dont la vision conservatrice du monde va être ébranlée par l'arrivée dans sa vie de Lennie Dale (Miley Cyrus), une jeune militante pacifiste en cavale. La série sera tièdement accueillie, y compris par

Woody lui-même, déçu de l'exercice. Peu importe, la mécanique est enclenchée pour Amazon Studios, qui va même poursuivre sa collaboration avec Woody Allen, cette fois pour le cinéma.

En 2017, avant la démission forcée de son boss Roy Price, Amazon Studios s'offre quelques autres jolis coups. Pour *Bosch*, sa première grande série policière lancée début 2015, adaptée des romans de Michael Connelly, c'est l'orfèvre du polar en personne qui œuvre, catapulté coproducteur. Son personnage Harry Bosch, détective incorruptible, est l'âme de vingt des trente-et-un romans que Connelly a publiés, qui se sont vendus à plus de 60 millions d'exemplaires dans le monde. Il y trouve son compte : « Vous avez le temps, dans une série, pour creuser, et parler de personnages complexes », confie l'écrivain[1] en septembre 2017 depuis les studios Burbank, au nord de Los Angeles. Dans ces studios mythiques sont reconstitués, sur les plateaux de tournages, les bureaux de la police de LAPD (*Los Angeles police department*). « Aujourd'hui, les programmes qui font parler sont sur Netflix ou Amazon, et plus sur les chaînes de télé », poursuit-il.

Amazon Studios sort en août 2017 *The Tick*, sa première série de super-héros, et signe la même année avec Matthew Weiner, réalisateur de la prestigieuse série télévisée *Mad Men.* Matthew Weiner réalisera *The Romanoffs*, qui met en scène des personnages persuadés d'être les descendants de

1. Capucine Cousin, « Amazon fait ses courses à Hollywood », *Challenges*, 26 octobre 2017

l'ancienne famille dirigeante de la Russie. Le budget tournerait autour de 50 millions de dollars. Le temps d'un épisode, elle accueillera même Isabelle Huppert, pour sa première apparition dans une série. Il s'apprête aussi à coproduire une série adaptée des romans d'Agatha Christie, pour laquelle il a décroché les droits d'exploitation hors du Royaume-Uni.

Autre coup, en octobre 2016 : Netflix met la main sur *Black Mirror*, une anthologie de science-fiction britannique, créée et diffusée par Channel 4 depuis 2011, qui a obtenu un succès d'estime. Netflix en devient le producteur, pour la troisième saison, attendue en 2016. Pour les épisodes, indépendants les uns des autres, Netflix s'offre les services de réalisateurs renommés : Joe Wright, réalisateur d'*Orgueil et préjugés* signe l'épisode *Nosedive,* Dan Trachtenberg (*10 Cloverfield Lane*) et James Watkins (*Bastille Day, La Dame en noir*) participent à cette nouvelle saison.

Et ce n'est pas fini : les frères Coen (*Fargo, The Big Lebowski*) planchent pour Netflix sur leur première série télévisée, *The Ballad of Buster Scruggs.* Attendue pour courant 2018, elle racontera six histoires de Westerns, aux frontières du Far West américain, avec des têtes d'affiches telles que Tim Blake Nelson (*O' Brother*) et Liam Neeson (*Star Wars, Taken*).

Dernier exemple, la signature en septembre 2017 d'un contrat entre Netflix et Damien Chazelle, réalisateur oscarisé pour *La La Land*, pour la création d'une série musicale de huit épisodes, *The Eddy*, coproduite par la plateforme. Il réalisera en personne deux épisodes. Les dialogues seront en français, anglais et arabe. « *The Eddy* se situe dans un Paris multiculturel et s'attache aux histoires d'un club, de son propriétaire et d'un groupe de musique, tous évoluant dans un décor parisien tumultueux », précise Netflix.

Un contexte favorable : Web 2.0, appropriation du pouvoir par le public et culture globalisée

Nouveaux médias et nouveaux usages du Web 2.0

Lorsque Netflix et Amazon Prime Video montent en puissance avec leurs services de vidéo à la demande sur abonnement, de nouveaux usages sont apparus chez les internautes. Ils ont pris l'habitude de partager des contenus et de collaborer en ligne, grâce à de nouveaux outils. C'était une révolution numérique, amorcée il y a une dizaine d'années, déjà. Le « Web 2.0 »[1] comme ont dit alors, baptisé ainsi par Tim O'Reilly en 2004, s'est concrétisé avec les premiers sites de partages de vidéos, légaux (YouTube, Dailymotion) ou illégaux (de Kazaa à Popcorn Time, cf. chapitre 2).

Des outils de publication ont fait leur apparition, qui permettent notamment aux internautes de partager des contenus en direct sur Internet, via les plateformes de blogs, les wikis (qui ont notamment donné naissance à Wikipedia,

1. Capucine Cousin, *Tout sur le Web 2.0*, Dunod, 2008

première encyclopédie participative où tout internaute pouvait écrire ou modifier un article) et les réseaux sociaux. Ce sont les grands débuts du *crowdsourcing* (publication collaborative).

Les mobinautes peuvent notamment partager des vidéos tournées par eux-mêmes, avec leur smartphone ou une caméra, sur des sites de partage et plus tard sur les déclinaisons vidéos des réseaux sociaux (Periscope, acquise par Twitter en 2015, Instagram, Facebook Live). YouTube, ce site de partage où les internautes peuvent poster en direct leurs vidéos et même créer leur propre chaîne, propose des vidéos pouvant être visualisées par tous, à tout moment. Acquis par Google en octobre 2006 pour un montant de 1,35 milliard d'euros, il est désigné comme « Personnalité de l'année » la même année par le magazine *Time*, qui le présente comme un nouveau géant des médias. Un nouveau métier apparaît, celui des « youtubeurs » qui peuvent choisir de monétiser leurs vidéos en autorisant l'affichage de publicités. Ces nouveaux usages font disparaître les frontières entre producteurs et consommateurs de contenus.

Autre pratique émergente, confirmée par ces nouveaux acteurs de la culture audiovisuelle : l'internaute-téléspectateur ne se contente plus de « regarder la télévision » ou d'écouter la radio, selon des grilles de programmes préétablis. Depuis YouTube, puis la « télévision de rattrapage » (*replay*), il a pris l'habitude de découvrir par lui-même sur la Toile des biens culturels, des morceaux de musique aux séries ou documentaires. Dès la fin 2006, des sondages montrent que les utilisateurs de plates-formes vidéo comme YouTube regardent moins la télévision. Un sondage de BBC Today révèle alors que 43 % des internautes utilisateurs de YouTube ou d'autres plateformes de vidéo en ligne disent regarder moins la télévision. En 2011, le site de Google concurrence même frontalement la télé. Après les amateurs, des marques et des personnalités associées au géant américain proposent désormais leurs propres chaînes thématiques. Alors que la télévision connectée se développe, permettant de regarder directement Internet sur son téléviseur, YouTube finance plus de 100 chaînes thématiques (dont 13 en France) – pour proposer des contenus aux annonceurs. Il s'appuie sur les géants du web français, comme Doctissimo et Auféminin, qui produisent un contenu exclusif adapté à YouTube. En 2013, YouTube tente le lancement de chaînes payantes, qui viennent directement concurrencer les chaînes de télévision, notamment celles du câble. Certes, à la différence des États-Unis, où la société de production DreamWorks a racheté 25 millions d'euros une chaîne YouTube destinée aux adolescents, les chaînes thématiques YouTube ne perceront guère en France.

Enfin, les internautes ont également la possibilité d'interagir sur la Toile : ils peuvent tout commenter et recommander en direct. Ils deviennent ce que l'on désigne comme des « prescripteurs » en marketing, et peuvent faire ou défaire la réputation d'un produit ou d'un contenu. Une appropriation du pouvoir par le public, au détriment des détenteurs des monopoles traditionnels, rendue possible par le Web 2.0, que l'on retrouve au cœur du système Netflix…

Siège de Netflix à Los Gatos en Californie
(Crédit : SunsetBox/AllPix/Aurimages).

Reed Hastings, cofondateur et PDG de Netflix à la soirée de lancement
de la plateforme en France, le 15 septembre 2014
(Crédit : ALLPIXPRESS/Aurimages).

Marc Randolph, cofondateur de Netflix
(2018, Crédit : Photoshot/Aurimages).

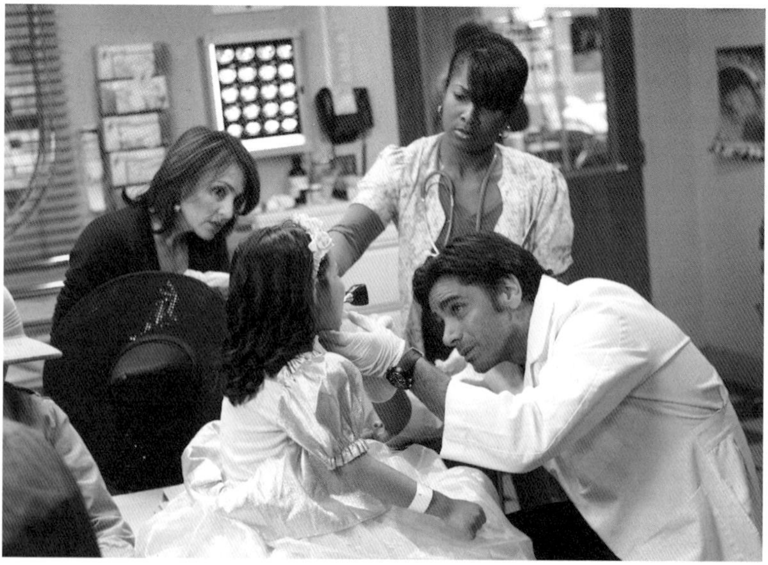

Urgences (*ER*), Michael Crichton (1994-2009).

Game of Thrones, David Benioff et D. B. Weiss, adaptation des romans de George R. R. Martin (2011 à aujourd'hui).

House of Cards, David Fincher (2013 à aujourd'hui).

Orange is the New Black, Jenji Kohan (2013 à aujourd'hui).

Sense8, Lana et Lilly Wachowski (2015-2018).

Marseille, Florent Siri (2016-2018).

Stranger Things, Matt et Ross Duffer (2016 à aujourd'hui).

The Crown, Peter Morgan (2016 à aujourd'hui).

The Handmaid's Tale : La Servante écarlate (*The Handmaid's Tale*),
Bruce Miller, adaptation du roman de Margaret Atwood (2017 à aujourd'hui).

La Casa de Papel, Álex Pina (2017 à aujourd'hui).

Star Trek : Discovery, Bryan Fuller et Alex Kurtzman (2017 à aujourd'hui).

Altered Carbon, Laeta Kalogridis, adaptation du roman de Richard K. Morgan (2018 à aujourd'hui).

Je ne suis pas un homme facile, Éléonore Pourriat (2018).

Les médias traditionnels face au Web 2.0

Les chaînes de télévision s'adaptent aussi à ces nouvelles tendances. En 2008, presque toutes ont déjà lancé leurs services de vidéo à la demande, puis y ont greffé leurs services gratuits de *replay* sur Internet, des sessions de rattrapage qui permettent de revoir un programme gratuitement dans les 7 jours qui suivent sa diffusion. Précurseur, Arte a lancé Arte Replay (rebaptisé Arte +7) dès octobre 2007, suivi par TF1, M6, etc. France Télévisions sera la dernière avec Pluzz, en 2010, qui rassemble une partie des programmes des chaînes du groupe (France 2, France 3, France 4, France 5 et France Ô). Preuve que le *replay* est vite entré dans les usages, 71 % des internautes de 15 ans et plus déclaraient déjà début 2010 avoir recouru au *replay* pour regarder des programmes, contre 52 % en 2008[1]. La proportion montera à 73,5 % en 2014.

De nouvelles formes de consommation des médias émergent, où de nouveaux médias sur Internet s'imposent, de manière complémentaire des médias traditionnels – la télévision et la radio. Loin du cliché de la SVoD qui « tuerait » la télévision, on voit apparaître une combinaison entre plusieurs médias complémentaires. Dans les foyers, le téléviseur n'est plus le seul écran, ni l'unique point d'accès aux services de télévision. Il doit désormais partager sa place avec toujours plus d'écrans connectés. Fin 2017, on comptait ainsi en moyenne 5,5 écrans par foyer en France, d'après une étude

1. Étude SNPTV/NPA/MEC et GroupM, panel de 660 d'internautes âgés de 16 à 60 ans, hors France Télévisions et Canal+

de l'Observatoire de l'équipement audiovisuel pour le CSA. Au passage, l'arrivée progressive des téléviseurs connectés permet elle aussi au téléspectateur d'accéder à des centaines de productions via Internet, avec une liberté dans le temps et l'espace, sans la contrainte des grilles horaires des chaînes traditionnelles. La multiplication des ordinateurs portables, tablettes et smartphones entraîne une individualisation des pratiques. La consommation de médias est devenue une consommation personnalisée, à la carte. Là aussi, les prémisses de Netflix et consorts…

Datas ciblées et algorithmes, le carburant

L'algorithme, cette couche technologique, Netflix la vend comme un de ses secrets technologiques depuis ses débuts. En 2000, Netflix, qui n'est encore qu'un service d'envoi de DVD par courrier postal, propose un nouveau service stratégique à ses abonnés : ces derniers peuvent désormais bénéficier des conseils du site pour leur prochaine location. Ces conseils sont d'autant plus pertinents qu'ils se basent sur l'historique personnel des clients et s'appuient sur *Cinematch*, l'algorithme de recommandation de Netflix. En toute logique, les contenus visionnés influenceront ceux qui seront proposés par la suite.

Mais Netflix va plus loin. Grâce au *machine learning*, il dresse une véritable analyse comportementale de chaque utilisateur. Les algorithmes passent au crible un certain nombre de données, comme l'heure à laquelle l'utilisateur a regardé le contenu, le temps de lecture pour une série, celles qui ont été abandonnées et au bout de combien de temps, la série regardée avant et les suivantes… Une véritable mécanique ! En août 2017, le vice-président de la plateforme, Todd Yellin, a donné quelques clés au magazine tech *Wired*[1] sur le fonctionnement de ces fameux algorithmes de suggestion. On y apprenait que Netflix classe ses 125 millions d'abonnés en plus de 2 000 « catégories de goûts » en fonction des contenus qu'ils regardent. En travaillant avec des *data scientists,* ces nouveaux ingénieurs *cracks* dans la gestion de données, Netflix a pu analyser ce que les internautes consommaient comme séries, et surtout la manière dont ils passaient d'une série à l'autre. À chaque utilisation, le logiciel évolue et devient plus pertinent. Netflix tente de caractériser chaque série que regarde l'abonné par l'intrigue, les personnages, la musique… Tous ces critères lui permettraient donc de mieux connaître ses clients et d'affiner le « chemin » virtuel que la plateforme construit pour chacun d'eux, afin de savoir quelles séries leur proposer et prévoir au mieux leur comportement.

Autre enjeu, rendre la plateforme addictive, voire influencer les goûts des internautes. Et, comme c'est étrange, Netflix fait souvent en sorte de mener progressivement ses abonnés… vers ses créations originales. On n'est jamais mieux servi que par soi-même. Dans le cheminement imaginé par Netflix, les abonnés qui ont apprécié les conspirations de *House of Cards* découvriront *Bloodline*, une intrigante série

1. « Netflix Is Using *The Defenders* to Understand Its Audience », *Wired*, 18 août 2017

où chacun des membres doit gérer des secrets de famille. Ces algorithmes permettent aussi à Netflix de façonner ses recommandations à sa manière. Puisqu'il propose aux internautes pléthore de choix dans son catalogue, il doit les conseiller en fonction de leurs goûts. De fait, il s'oppose d'emblée à la logique habituelle de chronologie des médias qui veut plutôt qu'un diffuseur recommande en priorité des nouveautés, comme le remarquait en 2014 Emmanuel Durand, ancien vice-président en France de Warner Bros, dans *La menace fantôme*[1]. « C'est en délaissant la logique chronologique (« je vous conseille toutes les nouveautés, instinctivement ») au profit d'une logique (…) cinématographique (« je vous conseille tous les films, y compris anciens, correspondant à vos goûts ») que Netflix a réussi à miner les fondements de la valeur d'un film induite par la chronologie des médias ».

1. Emmanuel Durand, « La menace fantôme, Les industries culturelles face au numérique », *Presses de Sciences Po*, 2014

4

Netflix dans l'Hexagone

Avec ses premières productions maison, telles que *House of Cards* et *Orange is the New Black*, lancées en 2013, Netflix fait aussi muter son modèle économique en y incluant la production de séries originales. Mais pour amortir ces séries à gros budget, réservées exclusivement à ses clients, la firme doit avoir un maximum d'abonnés. Et, désormais, au niveau mondial.

Politique expansionniste

Netflix s'engage dans une politique expansionniste, à marche forcée. Certes, il a pris le temps de développer son service aux États-Unis, son laboratoire. Netflix, lancé en 1997, y a initié son service d'abonnement en streaming en 2007. Il y compte 44 millions d'abonnés fin 2014.

En septembre 2010, il met le cap sur le pays voisin, le plus proche culturellement, le Canada. Un an après, en novembre 2011, 43 nouveaux pays à travers le monde sont visés, dont le Brésil et d'autres en Amérique hispanique et dans les Caraïbes. En janvier 2012, nouvelle étape : Netflix part à l'assaut de l'Europe. Le Royaume-Uni et l'Irlande, qui ont pour avantage d'être anglophones, sont les premiers pays européens qu'il investit. Cependant, Netflix sait déjà que la partie ne sera pas facile sur ce territoire : Amazon y est un concurrent déjà installé, depuis qu'il a acquis la start-up britannique de SVoD LoveFilm en 2011, également convoitée par Netflix.

En octobre 2012, il plante ses banderilles en Suède, au Danemark, en Norvège et en Finlande. Mais cette expansion ne se déroule pas si bien, et Netflix annonce fin 2012 une pause dans son développement à l'international : ses pertes se sont creusées à l'étranger, atteignant 284 millions de dollars, sur les neuf premiers mois de 2012. Même son résultat opérationnel a été divisé par dix, à 30,3 millions de dollars[1]. Autre déception, la croissance du nombre d'abonnés n'est pas aussi rapide qu'espéré, en particulier en Amérique latine. Seul le Canada est rentable. Le Royaume-Uni, où il a engrangé 1 million d'abonnés en sept mois, est selon Netflix « un marché où les contenus sont chers du fait de la concurrence de Sky et LoveFilm d'Amazon » et où il devra patienter « sensiblement plus de temps qu'au Canada pour atteindre la profitabilité ».

Netflix est déjà présent dans une cinquantaine de pays, et bien implanté en Europe, lorsqu'il investit la France

1. Delphine Cuny, « Netflix met un coup d'arrêt à son expansion internationale », *La Tribune*, 24 octobre 2012

en septembre 2014. Il s'implante en même temps en Belgique, en Allemagne, en Autriche, au Luxembourg et en Suisse. Il n'arrivera en Europe du Sud (Espagne, Italie et Portugal) qu'un an après. Il partira ensuite à la conquête du reste du monde : l'Australie et la Nouvelle-Zélande en mars 2015, le Japon en septembre 2015, le Moyen-Orient, la Turquie, la Corée du Sud, Singapour, Hong Kong, Taïwan, le reste de l'Europe, ainsi que l'Afrique à partir de janvier 2016. Netflix est aujourd'hui présent dans 190 pays, et la courbe de ses abonnés dans le monde a explosé au fil des années : 23,5 millions en 2011, 69 millions en 2015, 93,8 millions fin 2016… Pourtant, cette expansion sera toujours très coûteuse pour Netflix. Outre des dépenses opérationnelles et marketing, il doit également proposer des contenus adaptés pour chaque marché. En conséquence, ses marges restent très inférieures à celles d'autres acteurs du marché de l'audiovisuel. Il affiche une marge opérationnelle de seulement 7,3 % en 2014, contre 21,7 % pour le groupe de médias américain Comcast par exemple. Une rentabilité relativement faible, en partie dûe à une coûteuse politique expansionniste ; c'est l'une des spécificités de Netflix.

La bataille de *lobbying* pour s'installer dans l'Hexagone

Les mois précédant son arrivée en France, Netflix mène un *lobbying* forcené – le *lobbying*, c'est justement le sujet de sa série-phare, *House of Cards*. Il doit s'assurer les bonnes grâces de tous les acteurs impactés – audiovisuel, cinéma, mais aussi les opérateurs télécom qui lui fourniront en partie les « tuyaux ». Reed Hastings, provocateur, le dit à longueur d'interviews : il entend poursuivre son rêve, « remplacer la télé ». Les mois précédents, au niveau politique, des premières rencontres ont lieu. Un dirigeant de Netflix (dont nous ne connaissons pas le nom) rencontre David Kessler, alors conseiller médias et culture auprès de François Hollande. Des rencontres ont aussi lieu avec les ministères de la Culture et de l'Économie numérique, ainsi qu'avec le CSA (Conseil supérieur de l'audiovisuel). Une autre équipe négocie avec les producteurs et les détenteurs des catalogues de films et de séries.

Lorsque Netflix rencontre David Kessler, en mai 2014, c'est pour « se renseigner sur le marché français et ses particularités ». « Moi, je voulais dire que la France est attachée à son cinéma et aux mécanismes nécessaires pour le sauvegarder. », raconte-t-il[1] dans son bureau d'Orange Studio, la filiale cinéma du Groupe Orange située dans une discrète rue du 16e arrondissement parisien. « Je voulais leur dire "Si vous acceptez les règles, vous aurez des contreparties". Le cinéma, c'est 70 ans d'histoire, et un lien très fort avec les pouvoirs publics ». Il précise avec le sourire : « Ça n'a pas trop marché. Eux ne se disaient pas en interface directe avec l'écosystème, leur modèle consistait à sortir directement des contenus sur leur plateforme ». David Kessler connaît alors déjà bien le dossier : ce normalien et énarque a déjà dirigé

1. Entretien avec l'auteure, 1er juin 2018

plusieurs structures-clé dans l'audiovisuel, notamment le CSA en 1996 et 1997 et le CNC (Centre national de la cinématographie) de 2001 à 2004. Il a en outre été conseiller culture auprès du Premier ministre Lionel Jospin de 1997 à 2001. Quelques mois après sa rencontre avec Netflix en 2014, il est débauché par Orange Studio pour développer OCS (Orange Cinéma Séries), le bouquet de chaînes de télévision consacrées aux séries et au cinéma de l'opérateur et faire face au nouveau-venu…

L'opération séduction est particulièrement délicate pour Netflix auprès du cinéma. Beaucoup redoutent que son arrivée dans l'Hexagone ne bouleverse leur système de financement – autre exception française ; un système où, depuis les années 1980, les films sont préfinancés par les chaînes de télévision et des subventions. La ministre de la Culture d'alors, Aurélie Filipetti, espère obliger la plateforme à respecter la législation : si elle veut se déployer en France, elle devra respecter sa fiscalité, l'obligation de financement de la création (entre 12 et 15 % du chiffre d'affaires) et les quotas d'œuvres françaises et européennes. Mais cet acteur mondialisé a installé son siège social européen à Amsterdam – il ne paiera donc pas ses impôts en France, à part la TVA, et n'aura pas à se plier aux obligations auxquelles sont soumis les diffuseurs français, comme les quotas d'œuvres européennes. Pourtant, face au grand méchant loup américain, le cinéma français n'est guère unanime : Netflix a approché plusieurs studios, comme Gaumont, en vue de produire des fictions paneuropéennes, évoque-t-il alors dans la presse. Pour montrer sa bonne volonté, il a déjà laissé fuiter dans la presse son premier projet de production locale, *Marseille*, une série en huit épisodes avec Gérard Depardieu et Benoît Magimel, produite par Pascal Breton et écrite par Dan Frank. Certes, la série, très moyenne, sera éreintée par la critique et Netflix n'ira pas au-delà de la seconde saison, mais elle lui aura permis d'amadouer les pouvoirs publics.

Paradoxe apparent, les concurrents de Netflix sont aussi partenaires. Canal+ a acheté et diffusé des séries comme *House of Cards*, la série-star de Netflix… qui ne sera donc pas disponible sur Netflix France les premières années avant février 2018 – ce qui a bien fait gloser la presse ! Canal lui vend déjà ses propres séries originales, comme *Engrenages* et plus récemment *Les Revenants* et *Braquo*. En vendant des droits à Netflix, la chaîne française y trouve son avantage : grâce à sa plateforme, Netflix diffuse les séries « Canal » dans tous les pays où il est déjà implanté. Lancée en 2005, *Engrenages* décrit la vie du palais de justice de Paris. En acquérant les droits tardivement en 2012, Netflix donne une nouvelle vie à cette série à succès, déjà vendue dans près de 70 pays et largement diffusée à l'étranger (comme sur la BBC au Royaume-Uni). La collaboration entre Netflix et Canal+ prend ensuite une nouvelle tournure lorsque les partenaires décident de coproduire la série *The Spy* qui raconte l'histoire d'Eli Cohen (incarné par Sacha Baron Cohen), un célèbre espion israélien basé en Syrie au début des années 1960. C'est Gideon Raff, le producteur exécutif de la série de *Homeland*, qui est aux commandes. Tournée en français, elle sera diffusée exclusivement sur Canal+ pour la France, avant d'être proposée dans le monde entier sur Netflix.

L'opérateur Orange, quant à lui, vend à Netflix des films de « fond de catalogue », ces vieux titres qu'il a encore en stock. Il signe un accord d'achat d'une dizaine de films en 2017, et engage des discussions avec Amazon Studios pour faire de même.

Netflix, une marque ?

Reste à se faire connaître. Certes, la plateforme est connue des geeks et des fans de séries grâce à *House of Cards* – des petits malins se sont déjà créés un compte Netflix aux États-Unis, mais elle est méconnue du grand public. Alors, dès mai 2014, Netflix lance un vaste plan de communication orchestré par l'agence Publicis, en réservant un compte Twitter et une page Facebook. Une stratégie de buzz auprès des médias est aussi orchestrée, en laissant fuiter des informations sur des sujets sensibles – indiscrétions sur les rendez-vous de la firme de Los Gatos avec des dirigeants de l'audiovisuel, piques à propos des exigences fiscales du gouvernement français… tout en entretenant le suspense quant à sa date d'arrivée en France.

Le 2 septembre 2014, un premier *teasing* est lancé par l'agence de communication Darewin sur les réseaux sociaux avec l'ouverture simultanée de comptes Facebook et Twitter en France. Une vaste campagne télévisée est également lancée, signée Ogilvy Paris (WPP), avec pour slogan « Inspiré par vous », où elle y vante le service de vidéo à la demande. « Netflix, c'est ce qu'on attendait tous (…) Maintenant, c'est à vous de voir, mais honnêtement, ça devrait vous plaire », dit très sérieusement une voix off au ton cool, alors que s'enchaînent les images des contenus que la plateforme proposera en exclusivité, comme la série *Fargo*.

«Certains spots coûtent (...) jusqu'à près de 100000 € – soit le tarif brut d'un film de 30 secondes sur TF1 en *prime-time* le dimanche soir», relève alors *Les Échos*[1], qui évalue le budget com' pour le lancement en France de «10 à 15 millions d'euros». En face, CanalPlay (le service de SVoD de Canal+) a recruté la star John Malkovich pour sa publicité de rentrée, qui est diffusée en boucle à la télévision tout le week-end.

Dans la même veine, à partir du 6 octobre 2014, Netflix lance une campagne d'affichage originale, sous forme de «gifs» animés: un format en vogue, tout droit venu d'Internet, sous forme de mini-spots vidéos de 6 secondes, diffusés sur 2000 écrans interactifs dans les métros parisiens, aéroports, centres commerciaux et gares... Pour cela, Ogilvy & Mather Paris, avec l'agence média MEC (Group M), a créé 100 gifs différents, adaptés selon la météo ou l'actualité. S'il pleut à verse, un slogan proclame: «Consolez-vous avec un bon film au chaud sur Netflix». Malin. Toute la campagne a pour objectif de capter l'intérêt des jeunes, la cible privilégiée de Netflix. Dans cette phase de lancement, Netflix propose une offre de lancement avec un mois d'essai gratuit. Cela permet d'installer la marque dans l'esprit du public français: son taux de notoriété est passé de 24 % en juillet-août 2014 à 66 % en mars 2015, relève alors l'institut Médiamétrie dans son baromètre.

1. Véronique Richebois, «Publicité: la «Massive Attack» de Netflix», *Les Échos*, 14 septembre 2014

Paradoxalement, les médias se sont bien chargés eux aussi d'assurer la campagne de lancement de Netflix dans l'Hexagone. « La réaction agacée de l'écosystème du cinéma a assuré une pub du tonnerre à Netflix », sourit David Kessler. « Il a gagné une visibilité grâce aux médias, qui en ont beaucoup parlé. Ainsi, le démarrage de Netflix en France a été probablement plus rapide que dans d'autres pays. »

Des acteurs français en ordre dispersé

En 2014, l'offre SVoD est balbutiante en France, et la concurrence rare. De fait, lorsque Netflix arrive dans l'Hexagone, le paysage est peu encombré.

Parmi les précurseurs, CanalPlay existe depuis 2011. Leader avec 600 000 abonnés fin 2014, mais bien seul (ou presque) sur le créneau de la SVoD, le discret CanalPlay a beau jeu de communiquer lui aussi peu avant l'arrivée de Netflix dans l'Hexagone. Discret car le groupe Canal évite soigneusement d'alimenter CanalPlay en séries et films exclusifs, afin de ne pas cannibaliser l'offre qu'il propose aux abonnés de la chaîne Canal+. « Ils étaient discrets sur ce service, mais ont commencé à faire beaucoup de marketing et de communication environ un an avant l'arrivée de Netflix en France », souligne Jean-Baptiste Sergeant, analyste chez Mainfirst.

En 2014, outre CanalPlay, existent également OCS Go, le service de SVoD d'Orange lancé un an plus tôt, et plus modestement Tfou Max (2 700 programmes), Club Vidéo

SFR (1 900), Video Futur (1 300), Pass M6 (1 000) et Filmo TV (400)[1]. Quelques mois après, Netflix anéantit déjà certains concurrents, tel Jook Vidéo lancée par AB Group en 2013, qui ferme son service SVoD en juin 2015.

Enfin, le projet d'un « Netflix à la française » auquel participaient Orange, TF1, M6 et France Télévisions et qui avait pour objectif de mettre en commun leurs offres n'a alors pas abouti. Un véritable serpent de mer dans l'audiovisuel, qui sera régulièrement relancé.

Septembre 2014 : Netflix débarque en France

« Netflix va-t-il exploser le cinéma français ? » (*Obsession/Le Nouvel Obs*, 30 avril 2014), « Netflix, tueur en séries » (*Le nouvel Obs*, 11 septembre 2014), « Netflix a marché sur la France » (*Libération*, 15 septembre 2014)… Pas de doute, la presse hexagonale ne dissimule guère son appréhension lors de l'arrivée en trombe de Netflix sur les terres françaises, le 14 septembre 2014.

La veille, alors que le service sera lancé à minuit précise dans l'Hexagone, pas de conférence de presse, mais une soirée au Faust, un restaurant-bar le long de la Seine à Paris, sous le pont Alexandre III. Ce soir-là, c'est tapis rouge, robes à strass et paillettes, champagne, avec des faux airs

1. Source : étude NPA Conseil, août 2015

de Festival de Cannes. Tout le monde ou presque est de la partie : au photocall, les patrons de Netflix, Ted Sarandos et Reed Hastings, prennent brièvement la pose à côté des actrices de la série-phare de Netflix, *Orange is the New Black*, Laura Prepon, Kate Mulgrew, Taylor Schilling et Uzo Aduba. Ce soir-là, on y croise les animateurs Nagui, Sophia Aram et Pierre Lescure.

La plateforme en ligne propose un catalogue de près de 3 600 programmes, pour un prix compris entre 7,99 € et 11,99 € par mois (selon les formules et le nombre d'écrans qui accueilleront le service), avec une offre d'essai gratuite pendant un mois. Du jamais-vu dans le paysage culturel français. Au programme de cette « porn TV » : des séries, des films, des documentaires et des programmes pour enfants (réunis dans l'onglet « Kids »), toutes les saisons de *Sherlock*, de *How I Met Your Mother*, d'*Orange is the New Black* et des séries produites par Netflix, mais nulle trace de *House of Cards* (dont Canal+ détient l'exclusivité pour la France), des *Bronzés* ou de la série des *Gendarmes*. À son lancement, son catalogue semble bien modeste face à celui de CanalPlay (10 000 programmes), mais Netflix triplera son offre en un an, passant à 11 000 programmes. Pour l'inscription sur le site américain de vidéo par abonnement, nom, prénom, pseudo, mot de passe, carte bancaire ou compte Paypal. Netflix demande ensuite à l'utilisateur de choisir trois programmes pour commencer à nourrir son algorithme qui, au fil des visionnages, proposera ensuite des films et séries adaptés aux habitudes de consommation.

Les résultats de ses négociations avec les opérateurs télécoms ? Bouygues Telecom signe avant même que Netflix arrive en France. En octobre 2014, Netflix est ainsi déjà disponible sur sa box, mais également sur celles de SFR et d'Orange. Seuls les opérateurs Free et Numericable, sur les box desquels Netflix est absent, font exception. C'était pourtant vital pour Netflix, puisque c'est par les box que se consomme majoritairement la vidéo à la demande (80 % dans le cas de CanalPlay). De plus, le marché des box est historiquement florissant dans l'Hexagone : mi-2014, 44 % des foyers en sont équipés. La majorité des opérateurs, quant à eux, ont bien compris qu'un partenariat avec le grand méchant loup Netflix était inévitable. « Chez Orange, nous avions deux approches : soit nous n'intégrions pas Netflix dans nos box, et il serait de toute façon disponible en OTT, échappant ainsi totalement à notre contrôle. Soit nous signions un accord », précise David Kessler, qui venait de quitter le cabinet de François Hollande pour Orange Studios au moment où Netflix devenait une nouvelle épine dans le pied des opérateurs.

Pour accéder à Netflix sur sa télévision, il suffit que celle-ci soit connectée à Internet. La box n'est pas indispensable, puisque l'on peut y parvenir en raccordant la télévision avec un câble, ou en branchant dessus une clé du type Chromecast. Autre possibilité, passer par les consoles de jeux vidéo Xbox One (Microsoft), Wii U (Nintendo) ou Playstation 3 et 4 (Sony), ainsi que par les smartphones et tablettes Android (Google), iOS (Apple) et Windows Phone. De quoi se poser des questions sur l'utilité des box des opérateurs…

Amazon en embuscade

Si Netflix fait une arrivée remarquée dans l'Hexagone en septembre 2014, un autre acteur fourbit ses armes : Amazon. Le géant américain du e-commerce s'intéresse lui aussi de près à la vidéo à la demande sur abonnement. En toute discrétion, il a implanté depuis plusieurs années sa branche dédiée au cinéma, Amazon Studios, à Santa Monica, à deux pas d'Hollywood.

La vidéo à la demande comme plus-produit

En décembre 2016, ça y est, Amazon pousse sur l'accélérateur et lance son service, Amazon Prime Video, en France et dans 200 pays dans le monde[1]. Jusque-là, il était disponible seulement aux États-Unis, au Royaume-Uni, en Allemagne, en Autriche et au Japon. Amazon doit faire vite, alors que Netflix est déjà implanté dans 190 pays depuis début 2016.

Pour lancer ce service, la firme prépare ses arrières en rachetant dès 2011 LoveFilm, un site britannique de location de jeux vidéo et de vidéos par le streaming et par courriers postaux, implantés au Royaume-Uni, en Allemagne et en Scandinavie, avant de le fusionner avec son service Amazon Instant Video en février 2014. Amazon aurait déboursé 236 millions d'euros pour cette acquisition, selon

1. Capucine Cousin, « Pourquoi Amazon chasse sur les terres de Netflix », Challenges.fr, 14 décembre 2016

Techcrunch[1]. C'est une demi-surprise, car les deux sont en affaires depuis que LoveFilm rachète en 2008 la base clients d'Amazon en Allemagne et au Royaume-Uni pour la location de DVD, avant que le géant américain ne prenne 42 % de son capital.

Dans l'Hexagone, Amazon structure ses équipes. Netflix avait bien ouvert un bureau à Paris lors du lancement de son offre dans l'Hexagone, fin 2014. Avant de le fermer et de rapatrier ses équipes françaises à Amsterdam, où se trouve son siège social européen. Amazon, quant à lui, regroupe ses équipes françaises d'Amazon Prime vidéo à Clichy, près de Paris, à son siège social français. Une équipe est chargée des acquisitions de films, une autre des acquisitions des droits TV, et une autre de la production Amazon Studio.

Éric Bergaglia, qui travaille chez Amazon depuis une dizaine d'années, est responsable du développement de Prime Video France. Isabelle Bertrand est recrutée en mai 2017 comme *Head of content acquisition*, pour développer les partenariats et les acquisitions locales de séries télévisées. « Ma mission chez Amazon est de développer le service en France, l'éditorial, les partenariats stratégiques de structurer l'offre locale, avec un ancrage local à Paris », explique-t-elle depuis son bureau à Clichy. Cela fait un peu plus d'un an qu'elle a rejoint le paquebot Amazon. Discrète, elle parle très peu aux médias, et toujours avec prudence de la stratégie de son employeur. Elle a débuté sa carrière

1. Mike Butcher, « Amazon Acquires LoveFilm, The Netflix of Europe », 20 janvier 2011

dans l'audiovisuel en tant que chef produit jeux vidéos au sein du groupe Canal+, puis a participé en 2000 aux débuts de l'aventure Canal Numedia (la filiale du groupe Canal+ spécialisée dans les nouveaux médias et Internet), à celle d'Universal Music Mobile en 2002, avant de devenir directrice exécutive pour le studio de cinéma Warner Bros Digital Distribution pendant dix ans.

L'offre de la firme de Seattle se distingue de celle de Netflix sur plusieurs points. D'une part, Amazon casse les prix avec un tarif de lancement de 2,99 € (ou $2,99) par mois pendant les six premiers mois ! Le service, sans engagement, sera ensuite proposé pour 5,99 € (ou $5,99) par mois. Bien loin des tarifs de Netflix ou du Français CanalPlay, qui démarrent alors à 7,99 € par mois.

D'autre part, le service de vidéo à la demande est gratuit pour les clients d'Amazon ayant souscrit au programme annuel Amazon Prime, disponible dans quelques pays (États-Unis et Canada, Allemagne, France, Belgique, Espagne, Italie, Inde et Japon notamment). Cette sorte de programme de fidélité, facturé 49 € par an, garantit plusieurs avantages à ses membres, comme la livraison gratuite en 48 heures. S'y ajoute désormais ce service de streaming vidéo, considéré comme un « bénéfice supplémentaire » précise Amazon. Les personnes souscrivant au programme global Amazon Prime débourseront donc 49 € par an, après un mois d'essai gratuit. « Amazon Prime c'est un tout, avec un bénéfice clair : la livraison en un jour ouvré. Avec cette offre, cela intéressera peut-être des gens qui n'étaient pas abonnés à Netflix ou à CanalPlay. Ils auront pour 49 € par an de la vidéo à la demande, et la livraison gratuite en un jour», résume[1] Éric Bergaglia, patron d'Amazon Prime Video en Europe du Sud, lors de son lancement en France fin 2016. Jusqu'à devenir un produit d'appel vers Amazon Prime ? «Il doit aider Prime Video à conquérir de nouveaux clients. Et que le client passe plus de temps avec Amazon», admet-il un an et demi après[2].

Néanmoins, il faudra attendre septembre 2017 en France pour qu'Amazon Prime Video soit proposée «nue», hors du programme Amazon Prime, sous forme d'abonnement mensuel, pour «3,99 € par mois, puis 5,99 € par mois».

Sur le même modèle que Netflix ou CanalPlay, les programmes de Prime Video peuvent être visionnés sur différents écrans (tablettes et mobiles) via l'application mobile Amazon Prime Video disponible sous Android et iOS, les principaux téléviseurs connectés (Smart TV) LG et Samsung, ou leur ordinateur sur PrimeVideo.com. Comme Netflix, Amazon propose aussi de télécharger des programmes pour les regarder hors connexion. Et Amazon a lui aussi son arme secrète, son algorithme, hérité de son service historique d'e-commerce. Il est lui aussi basé sur les comportements de ses clients en ligne, ce qu'il applique déjà à l'envi, dans son service historique de librairie en ligne par exemple («Vous avez acheté un livre de John Le Carré, nous vous recommandons Don Winslow»).

1. Entretien avec l'auteure, 14 décembre 2016, ibid.
2. Entretien avec l'auteure, 4 mai 2018

C'est en étant capable de passer de la logique du e-commerçant fournisseur (qui propose l'intégralité de l'œuvre de tel auteur) à celle du consommateur (il lui propose les romans d'un certain genre, proches de celui déjà acheté, qui lui apporteront un plaisir semblable) qu'Amazon a pu s'imposer comme interlocuteur fiable auprès de ses clients et a pu créer un lien affectif avec eux. Il compte bien dupliquer ce service personnalisé dans la vidéo à la demande.

Lancement expérimental

À son actif, la plateforme est simple, élégante, avec des services que ne proposent pas ses concurrents. Comme sur Netflix, les contenus y sont divisés par genre (films, séries, nouveautés…), et un moteur de recherche permet d'accéder au catalogue entier. Cependant, Amazon Prime Video est le seul à proposer la fonction *X-Ray*, où un simple clic sur l'écran fait apparaître les noms des acteurs de la scène en cours de lecture, ainsi que la musique en cours. Des onglets permettent aussi d'accéder à la totalité du casting et aux secrets du tournage. Du côté des contenus, Amazon reste flou. Lors de son lancement en France, les contenus sont encore limités à six séries originales Amazon, une vingtaine de séries sous-titrées en français, quelques dizaines de films classés par genres, des séries animées pour enfants… Et met en avant ses fleurons, ses programmes originaux, baptisés Prime Originals, dont ses séries *Transparent* et *Mozart in the Jungle*, multiprimées aux Emmy Awards, le Festival de Cannes de la télévision américaine. On retrouve également

The Man in the High Castle, adaptation du livre de Philip K. Dick ainsi que ses séries Amazon Original pour enfants, comme le dessin animé *Creative Galaxy*. Pour nourrir son catalogue, Amazon acquiert des contenus, des séries télévisées, des long métrages et des documentaires, mais compte bien aussi développer ses contenus originaux, tout comme le fait Netflix.

Le lancement fin 2016 d'Amazon Prime Video a sans aucun doute pour objectif de rattraper Netflix. Mais il paraît d'autant plus rapide – voire expérimental, comme le reconnaîtront eux-mêmes les dirigeants d'Amazon – qu'en décembre 2016, la plateforme d'Amazon n'est même pas traduite en français ! Une bonne partie des contenus proposés sont en anglais, ni doublés ni même sous-titrés. Il faudra attendre près d'un an, en octobre 2017, pour que la plateforme soit disponible en français. « Nous sommes encore sous-représentés en France, même si le concept de vidéo à la demande sur abonnement commence à être compris. Nous sommes encore en phase de croissance et de développement, contrairement à d'autres marchés comme le Royaume-Uni et l'Allemagne où ces services, avec deux ans d'avance, sont plus installés », plaide Isabelle Bertrand. Pourtant, les Français ont bien découvert la SVoD depuis fin 2014 grâce à Netflix. Sans compter que Amazon a une communication pour le moins discrète sur ce service : il attendra mai 2018 pour diffuser le premier spot publicitaire en télévision qui lui est consacré…

5

Hollywood, le nouveau terrain de jeu de Netflix ?

« Et maintenant, Hollywood, à nous deux ! » Après s'être attaqué aux séries télévisées, Netflix part à la conquête du cinéma. En février 2017, son arrivée sur Sunset Boulevard, la célèbre artère bordée de palmiers qui longe bon nombre de studios de cinéma, non loin du Walk of Fame étoilé d'Hollywood, n'est pas passée inaperçue. Avec pour perspective, au bout de la rue, les fameuses lettres HOLLYWOOD sur la colline. Nom de code : Icon Tower, un gigantesque immeuble flambant neuf de 30 000 m² sur 14 étages, conçu par Gensler, l'une des plus grosses agences américaines d'architectes. Une combinaison de terrasses et de baies vitrées, imbriquées les unes dans les autres. « Un bâtiment comme celui-là est une déclaration – de qui vous êtes, de ce en quoi vous croyez et de ce que vous comptez faire. », lâche alors Ted Sarandos dans les colonnes de *Variety*. Jusqu'à présent, Netflix était excentré, fidèle à son siège historique de Los Gatos, en lointaine banlieue de Los Angeles. Icon Tower, c'est un symbole de la toute-puissance de Netflix, de son ambition et de son offensive pour concurrencer les studios de cinéma.

Dans les rues d'Hollywood et de Los Angeles, les affiches des publicités pour les prochains films et séries produits par Amazon Studios ou Netflix concurrencent celles des studios et chaînes de télévision traditionnels. De fait, son challenger Amazon n'est pas très loin. Depuis 2010, il s'est doté d'une structure dédiée, Amazon Studios, chargée d'acquérir et produire des films, séries et documentaires pour le géant d'e-commerce, et loue des locaux à Santa Monica, non loin de Los Angeles. Preuve qu'Amazon Studios avance lui aussi ses pions à Hollywood, il annonce en mars 2018 sa relocalisation à Culver City, une petite ville non loin de Los Angeles, où Sony Pictures a déjà installé ses studios de cinéma. Pour la petite histoire, c'est là que fut tourné *Pulp Fiction* de Quentin Tarantino. Amazon va y louer les Studios Culver, qui existent depuis 1918 et où furent tournés des films aussi mythiques que *Autant en emporte le vent, Rocky* ou *E.T.* Amazon Studios sera aussi locataire de 7 000 m^2 de bureaux dans le futur complexe Culver Steps, en construction. Au passage, un autre GAFA, Apple, fait lui aussi construire son futur complexe de bureaux dans Culver City. Une future autre Mecque du cinéma ?

La bataille hollywoodienne ne se joue pas uniquement dans l'immobilier, mais également du côté des recrutements. Début 2017, Netflix embauche son « Monsieur Cinéma », Scott Stuber, auparavant vice-président de la production monde chez Universal Studios. C'est lui qui a lancé le bolide *Fast & Furious*, l'une des franchises les plus lucratives de ces dernières années. Son job : détecter les films prometteurs, oscarisables, et en réserver les droits de diffusion pour le monde, selon la méthode Netflix. À côté de cela, Netflix aiguise la bataille des talents côté télévision, en s'offrant plusieurs recrues de choix. En août 2017, il signe un deal de quatre ans avec la productrice et scénariste Shonda Rhimes, à qui la chaîne ABC doit les cartons *Grey's Anatomy, Scandal* et *How to Get Away with Murder*. Pendant quatre ans, Shonda Rhimes et son label Shondaland offriront à la plateforme l'exclusivité sur tout nouveau contenu à venir. En février 2018, Netflix signe avec un autre *hit maker*, Ryan Murphy (*Glee*, *American Crime Story*) ; débauché après dix ans passés à la 20th Century Fox Television. Un contrat de cinq ans, pour lequel Netflix a déboursé 300 millions de dollars selon *Deadline*. Un record.

Amazon a lui aussi son Monsieur Cinéma : Roy Price, recruté en 2013. Lui-même est un enfant de la balle : son père Frank Price a dirigé Universal Pictures dans les années 1970 et 1980, et son grand-père, Roy Huggins, a créé des séries classiques telles que *Les Fugitifs* et *The Rockford Files*. Avant d'arriver chez Amazon, il fait notamment ses gammes chez Disney. Il a lui aussi pour mission d'identifier les meilleurs contenus à acquérir, et de convaincre cinéastes et acteurs de travailler pour Amazon Studio. Il devra pourtant brutalement démissionner en octobre 2017, à la suite des accusations de harcèlement sexuel d'une productrice, en pleine affaire Weinstein. Il est remplacé en février 2018 par Jennifer Salke, jusqu'alors présidente de NBC Entertainment.

Superproductions : Netflix, première major du cinéma

Depuis quelques années, Netflix a beau jeu de montrer ses muscles, en communiquant sur les montants astronomiques de ses investissements dans l'achat et la production de programmes. Il a bien compris que la différence avec la concurrence se ferait avant tout sur les contenus. Le géant américain va déployer des moyens pharaoniques : 2,3 milliards de dollars seront consacrés à l'acquisition et la production de 600 heures de programmes en 2014, 5 milliards de dollars en 2016, 6 milliards (1 000 heures de programmes) en 2017. Le record est battu en 2018, lorsqu'il annonce un budget de 8 milliards de dollars pour 700 contenus, dont 86 longs-métrages ! De son côté, Amazon Studios n'affiche « que » 4,5 milliards de dollars.

Face à ces deux ogres, les studios traditionnels font bien pâle figure. Hulu investira 2,5 milliards de dollars, et HBO 2 milliards. Quand Netflix annonce 86 films, Universal Studios en produit en moyenne une quarantaine par an, Sony Pictures une trentaine, Warner et Fox une vingtaine respectivement, et Disney une dizaine[1]. Décidément, Netflix devient le premier major du cinéma.

Avec toutes ces montagnes de cash, Reed Hastings et Ted Sarandos parviennent à séduire les grands noms d'Hollywood, tels que David Fincher, Guillermo Del Toro, Damien Chazelle,

1. Caroline Sallé et Enguérand Renault, « Comment Netflix a mis KO le Festival de Cannes », *Le Figaro*, 22 mai 2018

Paul Greengrass, les frères Coen, Spike Lee, et même le maître Martin Scorsese. Les autres, Amazon, Apple, et même Facebook suivent vite la même logique. Tout est allé crescendo. En 2013, Netflix acquiert discrètement les droits exclusifs de quatre comédies inédites écrites par l'humoriste-star Adam Sandler, dans lesquelles il sera également tête d'affiche. C'est ainsi que sort en 2015 la parodie *The Ridiculous 6* réalisée par Frank Coraci, en 2016 la comédie d'action *The Do-Over* de Steven Brill, et en 2017 la comédie romantique *Sandy Wexler* du même réalisateur.

En 2015, *Beasts of No Nation* de Cary Fukunaga arrive sur nos écrans ; l'histoire d'un enfant-soldat, quelque part en Afrique de l'Ouest. C'est une petite production indépendante, et le premier long-métrage produit par Netflix. Pour mettre la main sur ces droits, Netflix débourse 12 millions de dollars, alors qu'un studio traditionnel aurait proposé en moyenne de 3 à 5 millions de dollars. C'est le tout premier long-métrage de Netflix diffusé simultanément dans les salles de cinéma américaines et sur la plateforme. De fait, il n'y a pas de problèmes de chronologie des médias outre-Atlantique. Mais, déjà en 2015, le modèle de distribution que Netflix veut imposer suscite une bronca outre-Atlantique : les réseaux de salles de cinéma, dont AMC, la plus importante aux États-Unis, boycottent les films de la plateforme. *Beasts of No Nation* a ainsi été diffusé dans une trentaine de salles seulement. Le film, de belle facture mais snobé aux Oscars, décroche une nomination aux Golden Globes ; son acteur Idris Elba remporte un Screen Actors Guild Award du meilleur second rôle. Avec ce succès d'estime, Netflix gagne ses premiers galons auprès d'Hollywood.

Enfin, l'acquisition fin 2015 de *War Machine* de David Michôd pour 30 millions de dollars marque un tournant : pour la première fois, Netflix débourse beaucoup pour s'offrir un blockbuster. Ce film de guerre satirique un brin caricatural, coproduit par Brad Pitt (qui joue également le premier rôle) et orphelin de l'un de ses principaux investisseurs avant d'être financé par Netflix, sera fraîchement accueilli par les critiques.

Un tour au festival de Sundance en 2016

Chaque année, lors du très chic Festival du film indépendant de Sundance créé par Robert Redford, tous les plus gros studios de l'industrie cinématographique se battent à coups de millions de dollars pour acheter les droits de diffusion des films. Des réalisateurs du cinéma indépendant y viennent présenter leurs longs-métrages, et tenter de décrocher des contrats de distribution.

En janvier 2016, Netflix passe à l'offensive et se livre à une âpre bataille d'acquisitions de droits[1]. Avec Amazon, il y mène un véritable *hold-up* en empochant les droits de diffusion en streaming de plusieurs longs-métrages. *Tallulah*, acquis pour 5 millions de dollars, est l'un d'eux. Ellen Page y incarne une jeune femme désemparée qui vole un bébé pour donner du sens à sa vie. La plateforme a également tenté d'obtenir les droits de *Birth of a Nation*, long métrage de Nate Parker consacré à la révolte des esclaves aux États-Unis en 1831. Si la Fox

1. Capucine Cousin, « Netflix et Amazon entrent en fanfare au festival de Sundance », Challenges.fr, 29 janvier 2016

(un « vieux » studio) l'emporte finalement, le buzz est néanmoins assuré pour Netflix… dont la tentative a eu pour effet de faire grimper les enchères à 20 millions de dollars. À noter que si le réalisateur Nate Parker a préféré signer avec Fox, c'est – aussi – parce que l'idée de ne pas sortir en salles le réfrénait.

De son côté, Amazon fut sans doute le grand gagnant, en acquérant des droits de plusieurs films, pour leur diffusion en streaming… et en salles ; un élément tout à fait révélateur des différences de stratégie entre lui et Netflix. Amazon aussi fait monter les prix : il aurait déboursé 10 millions de dollars, assure le site *Deadline*, pour acquérir *Manchester by the Sea*, le nouveau film de Kenneth Lonergan, produit par Matt Damon, perçu lui aussi comme oscarisable. Banco : le film décrochera six nominations aux Oscars 2017.

Une bataille abondamment relayée par les médias : là encore, l'objectif com' est atteint. Elle signifie, par ailleurs, l'intérêt des GAFA pour Hollywood : Netflix et Amazon ont fait grimper les enchères sur les droits de plusieurs films. *In fine*, Netfix et Amazon repartent chacun avec les droits de six films.

2017, l'accélération

Rebelote à l'édition 2017 du festival de Sundance : les deux plateformes sont devenues les premiers acquéreurs. Leur stratégie est claire : considérés jusque-là comme des acteurs de second rang qui achètent des films déjà distribués en salles, ils commencent à investir dans l'exclusivité des droits. Amazon débourse 12 millions de dollars pour s'assurer les droits de la comédie romantique *The Big Sick,* prochain film du réalisateur Michael Showalter, produit par Judd Apatow, qui met en scène un couple en proie à ses différences culturelles. Il l'acquiert au terme d'une bataille féroce face à Netflix, Fox Searchlight et Focus Features. Autre acquisition, pour 6 millions de dollars, une petite coquetterie très *indie* : les droits de *Long Strange Trip*, un documentaire de quatre heures sur le groupe de rock californien Grateful Dead. Amazon fait ainsi l'acquisition, lors de l'édition 2017 de Sundance, des droits de diffusion de cinq films.

Son grand rival, Netflix, a quant à lui raflé les droits de dix films. Dont ceux de *Mudbound*, pour lequel il aurait payé 12,5 millions de dollars, relate la presse américaine. Le film de la réalisatrice afro-américaine Dee Rees raconte l'histoire de deux familles du Mississippi, l'une noire et l'autre blanche, qui doivent affronter les préjugés d'un monde déchiré par la Deuxième Guerre mondiale. Un film qui obtiendra 4 nominations aux Oscars 2018. Preuve de son intérêt récent pour le documentaire, Netflix en acquiert plusieurs, plutôt hétéroclites, comme *Chasing Coral* de Jeff Orlowski sur le blanchiment des coraux, *Nobody Speak* sur le bras de fer entre le média Gawker et le catcheur Hulk Hogan dont il avait publié une sextape, et *Joshua : Teenage vs Superpower* qui suit un jeune dissident politique chinois.

En février 2017, Amazon et Neftlix sont récompensés pour la première fois aux Oscars, et assoient un peu plus leur légitimité dans le monde de la production cinématographique. Amazon repart avec trois statuettes : deux pour le drame *Manchester by the Sea* (meilleur acteur et meilleur scénario) arraché au festival de Sundance l'année précédente, et une pour *Le Client*, couronné meilleur film en langue étrangère. Deux films pour lesquels, il avait seulement acquis les droits de distribution. Mais, Amazon a assuré le processus de sorties en salles, ce qui lui vaut la légitimité qu'il recherche. Quant à Netflix, il reçoit un Oscar dans la catégorie documentaire de format court pour le film *Les Casques blancs*, consacré aux secouristes des zones rebelles de Syrie, qu'il a coproduit.

Un mois après, en mars 2017, à Berlin, lors de la présentation annuelle de ses programmes-phares de l'année, Netflix le martèle : il a bien l'intention d'investir Hollywood. Il le prouve en dévoilant les bandes-annonces de ses premiers films autoproduits : *War Machine* de David Michôd, *First They Killed my Father,* premier film réalisé par la star Angelina Jolie, et *Bright* de David Ayer avec Will Smith. Au passage, *Bright* est doté d'un budget de 90 millions de dollars. Un record. « C'est un blockbuster estival, aussi gros que ceux que produisent les grands studios », revendique alors Ted Sarandos. Enfin, côté cinéma indépendant, il acquiert le film *Okja* du Sud-Coréen Joon-Ho Bong, avec Tilda Swinton. Portés par des stars hollywoodiennes, ces blockbusters acquis par Netflix étaient presque tous convoités par les studios de cinéma traditionnels. Décidément, Netflix donne un coup d'accélérateur. « Certains films dont Netflix a acquis les droits étaient de qualité moyenne, et avaient été refusés par des studios classiques, comme *War Machine* ou *Bright* », nuance cependant Manuel Alduy[1], senior vice president des achats chez la 20th Century Fox en France.

1. Entretien avec l'auteure, 28 mars 2018

Fidèle à sa politique commerciale, la plupart de ces films seront distribués dans (très) peu de salles de cinéma. La priorité absolue reste aux 93 millions d'abonnés de Netflix qui auront accès au long-métrage le même jour de sa sortie en salles…

2018, un pas de côté à Sundance

Et si Netflix devenait le nouveau chevalier blanc du cinéma indépendant ? Pas si simple. Il n'a fait aucune acquisition au festival de Sundance en janvier 2018. Tout juste a-t-il mis la main sur *Seeing Allred*, un documentaire qui tombait à point nommé, retraçant le parcours d'une célèbre avocate féministe américaine, Gloria Allred, qui défend les femmes victimes de harcèlement sexuel depuis plus de 40 ans et qui est devenue icône du mouvement #MeToo. Une acquisition remarquée, que Netflix a diffusée sur sa plateforme un mois après. Cela a marqué un tournant : l'intérêt de Netflix pour les documentaires engagés – une nouvelle manière de soigner son image.

Certes, Netflix a de nouveau fait monter les enchères – et les controverses – autour des films repérés en ce début d'année 2018 mais n'en n'a acquis aucun. On retrouve *Assassination Nation* de Sam Levinson, sorte de remake des Sorcières de Salem à l'heure des médias sociaux, où quatre adolescentes font l'objet du jour au lendemain d'une attention médiatique quand leurs données personnelles sont piratées. Netflix contribue à faire monter les enchères, mais Neon et AGBO, deux jeunes sociétés de productions, remportent finalement le morceau. Amazon, de son côté, avait repéré le drame

Colette, avec Keira Knightley dans le rôle-titre, mais ne l'a finalement pas acquis.

Cette année, tous deux étaient étrangement discrets. Peut-être parce qu'ils étaient déjà assez occupés avec leurs propres productions originales, qui les dispensent d'acquisitions pour nourrir leur catalogue. Et peut-être aussi parce que tous deux semblent désormais viser des productions à plus gros budget, de calibres comparables à ceux de *Bright* pour Netflix, ou de la future série *Le Seigneur des anneaux* pour Amazon. Il n'est pas non plus exclu que l'un et l'autre aient cherché, les années précédentes, à détecter des films susceptibles de décrocher des prix dans des festivals pour gagner leur place à Hollywood et commencer à attirer des talents. Et il semble qu'ils y soient parvenus.

Les relations avec les cinéastes : le culte du secret

Tapis rouge

Décidément, le grand méchant loup Netflix ne semble pas effrayer les réalisateurs et scénaristes d'Hollywood. À la fois GAFA, distributeur avec sa plateforme et (presque) studio hollywoodien, il sait y mettre les moyens en faisant monter les enchères, pour s'offrir les droits de films prisés. Pour décrocher ces collaborations, il déroule le tapis rouge aux réalisateurs : gros budget, garanties, conditions royales, promesse d'une distribution mondiale grâce à sa plateforme… Ses milliards de dollars d'investissement prévus chaque année lui permettent d'être généreux. Avec lui, les réalisateurs n'ont même pas à rembourser l'argent emprunté, comme c'est le cas avec les studios.

Les réalisateurs bénéficient-ils d'une liberté créative totale ? Cary Fukuynaga, réalisateur de *Beasts of No Nation*, assure avoir eu le *final cut* sur son film, et une marge de manœuvre totale sur le degré de violence qu'il a choisi d'afficher à l'écran. Pour autant, « ils sont très dirigistes sur les séries télévisées, et ils paient par étapes, avec des échéances très éloignées », croit savoir un réalisateur français dont nous tairons le nom. Un réalisateur qui, fait révélateur, a néanmoins dans les cartons un projet de série télévisée dont le financement sera « américain ». Décidément, les réalisateurs sont de plus en plus nombreux à choisir Netflix, malgré ses contraintes.

Prêt à tout accepter, y compris l'accès réduit aux salles de cinéma que cela implique ? C'est un fait, Reed Hastings est idéologiquement opposé aux sorties en salles. Cela pourrait devenir le point épineux dans ces relations que Netflix espère bâtir avec des réalisateurs venus du cinéma. Même avec les plus grands, comme Martin Scorsese, historiquement attaché à la sortie sur grand écran de ses films.

Modèles économiques

Si Amazon choisit de distribuer ses films en salles dans un premier temps, à l'instar de *Manchester by the Sea* en 2017 (47 millions de dollars au box-office américain), avant de les diffuser sur sa plateforme, Netflix adopte un modèle économique très différent en proposant ses films en même temps en salles et en ligne. Cela a engendré des crispations au Festival de Cannes, comme nous le verrons plus loin, mais aussi auprès des distributeurs américains. « Les propriétaires de salles étranglent le cinéma », lançait Reed Hastings en octobre 2016 au New Yorker's, une conférence organisée par le magazine *New Yorker*. « Il n'y a eu aucune innovation dans l'économie du cinéma ces cinquante dernières années ».

Certes, Netflix signe en octobre 2016 un partenariat, à ses conditions, avec la chaîne de cinémas haut de gamme iPic. Mais celle-ci ne compte qu'une petite centaine d'écrans aux États-Unis, et le deal porte essentiellement sur des salles à New York et à Los Angeles. Ce n'est donc pas un canal de distribution majeur. D'ailleurs, les relations entre Hollywood et Netflix versus Amazon Studios sont déjà bien différentes. « Amazon se comporte en vrai studio : il reçoit des projets, prévoit de les diffuser en salles – contrairement à Netflix », poursuit Manuel Alduy.

La réponse, du côté d'Amazon, est rodée : « l'ADN d'Amazon, c'est d'offrir le meilleur service au consommateur », résume Isabelle Bertrand[1], *Head of content acquisition* chez Amazon Prime Video France. « Face aux codes de la production dans le cinéma, nous estimons qu'il faut donner la possibilité au consommateur de voir un long-métrage dans les meilleures conditions, dans des grandes salles. Parce que c'est un service au consommateur, qui est complémentaire de la vidéo à la demande sur abonnement ».

1. Entretien avec l'auteure, 23 avril 2018

Autre différence, Amazon s'inscrit, lui, dans une démarche a priori similaire à celle d'un producteur « traditionnel ». L'objectif d'Amazon est de fournir des capitaux en vue d'acquérir des droits sur les contenus audiovisuels et cinématographiques sur lesquels il appose son nom. Il recourt à des contrats de coproduction, qui lui assurent un large contrôle sur le produit fini, tout en déléguant la fabrication du contenu. Alors, Amazon serait-il plus compatible – et rassurant – avec le « vieux monde » du cinéma que ne l'est Netflix ? Pas si sûr… « On ne connaît rien de leurs intentions pour la suite » estime un acteur du secteur. « Amazon est un acteur du *retail*, transversal. Le cinéma n'est pour lui qu'une « *commodity* », un moyen pour attirer des clients sur la totalité de ses services. Je pense qu'il est d'autant plus inquiétant de par sa puissance et ses méthodes, qu'on le voit aussi se développer ailleurs, comme dans la grande distribution », s'inquiète un directeur de studio de cinéma.

Par ailleurs, puisque le modèle économique de Netflix est basé sur les revenus générés par un maximum d'abonnements, le box-office en salles n'est pas un impératif pour lui, contrairement aux studios. « Nous autres studios, avons une contrainte économique : nous devons sortir des films rentables pour ensuite investir dans les suivants », rappelle un acteur du secteur. Ce n'est pas le cas de Netflix. Et de fait : « cette année (2018), nous sortons 86 longs-métrages, qui ne seront pas forcément diffusés en salles, parce que cela ne fait pas partie de notre business model », précise Yann Lafargue, son porte-parole pour l'Europe[1]. « Nous sommes financés à 100 %

1. Entretien avec l'auteure, 23 mai 2018

par le consommateur, via les abonnements. On ne va donc pas retenir les droits d'un film pendant trois ans». Allusion à la chronologie des médias française, qui impose un délai de 36 mois avant la diffusion d'un film sur Netflix. «La logique de Netflix repose donc sur la captation du marché, et non sur la rentabilité des projets. Il doit pouvoir lancer un maximum de projets, et s'offre des produits d'appel en investissant dans des films et séries. Mais si Netflix finit par capter une trop grande partie du marché, produira-t-il encore des films art et essai coréens comme *Okja* ?», interroge un acteur du secteur.

Culte du secret

Pourtant, la médaille a son revers. Si des cinéastes apprécient de trouver un producteur ou un distributeur généreux, c'est au prix d'un certain culte du secret. «Je viens de vendre les droits de mon film *Va, vis et reviens*, dont je suis également co-producteur, à un distributeur en ligne américain via son mandataire. Lui-même ne peut me transmettre une copie du contrat, ayant signé une clause de confidentialité avec le distributeur, ce qui est à la limite de la légalité en France. Le CNC est en train d'étudier le dossier», s'étonne encore le cinéaste Radu Mihaileanu[1], par ailleurs président de l'ARP (Association des auteurs-réalisateurs-producteurs) depuis juin 2017.

Autre question que soulève ce modèle confidentiel, Netflix ne communique jamais ses audiences par pays, ni par film, même aux cinéastes dont il distribue les œuvres sur sa

1. Entretien avec l'auteure, 12 avril 2018

plateforme. « Cela pose un problème d'abord de concurrence, un problème inédit pour le réalisateur et le producteur d'un film, qui n'a aucune visibilité sur la carrière et l'audience de son film », estime un cinéaste français. Tel que le producteur du film *Divines*, première production indépendante française qui a revendu ses droits mondiaux à Netflix, qui ne connaît pas les chiffres d'audiences par pays de son film. Un comble.

Une chose est sûre, en attirant des cinéastes traditionnels, Netflix ne se positionne plus seulement comme une plateforme de SVoD qui achète et distribue des séries et des films pour son catalogue. « Netflix est engagé dans un processus d'accroissement de sa production propre. Il est pour nous à la fois un client et un concurrent, à la fois en tant que producteur et distributeur. Il va également bientôt être soumis à la concurrence accrue des autres plateformes : Amazon, Apple, Hulu, HBO, Disney... », estime Olivier Snanoudj[1], sous sa double-casquette de senior vice-président distribution cinéma de Warner Bros France, et de président du Syndicat franco-américain du cinéma.

Une de ses dernières « prises » : Martin Scorsese, dont Netflix produit le prochain film, *The Irishman*, une vaste fresque avec Robert de Niro et Al Pacino qui retrace la vie du tueur à gages Frank Sheeran. Netflix lui aurait alloué 100 millions de dollars, un budget digne d'un blockbuster. Dans la foulée, le projet d'un second film, cette fois une comédie, a même été acté. Scorsese, une « prise » surprenante au goût de trophée, alors que le grand cinéaste américain de 75 ans, réalisateur de *Mean Streets* et *Taxi Driver*, est un défenseur inconditionnel du patrimoine

1. Entretien avec l'auteure, 4 avril 2018

cinématographique. Explication : après l'échec de son dernier film, *Silence*, début 2017, qui n'a réalisé que 7 millions de dollars au box-office américain, il ne trouvait pas d'argent auprès des studios pour son prochain film. *The Irishman* sortira donc en 2019 – uniquement sur Netflix. « C'est d'une certaine façon surprenant lorsque l'on sait que Scorsese est très attaché à la sortie en salle », précise un professionnel du cinéma français.

« Mais le plus important est de continuer à faire des films », déclarait Martin Scorsese au Festival de Cannes, le 10 mai, en recevant le Carrosse d'Or, récompense décernée par la Société des Réalisateurs de Films. Surtout, par sa politique de mainmise sur les droits mondiaux, Netflix casse le modèle économique traditionnel de distribution des films, voire de leur durée de vie, estiment certains.

« Aujourd'hui, Netflix acquiert des droits exclusifs "à perpétuité" et "pour l'univers" sur des œuvres. C'est comme si un livre ne se trouvait plus que dans une seule bibliothèque, et nulle part ailleurs », s'insurge Radu Mihaileanu. « C'est contraire à la chronologie des médias et à l'esprit même de l'accessibilité de la culture, selon lequel une œuvre devrait être disponible à tout moment et sur des modes de diffusion différents, jusqu'à la gratuité pour les spectateurs les plus démunis. »

Mais Netflix n'est pas le seul dans ce cas. Amazon également entend s'octroyer des droits illimités sur ses acquisitions. Emmanuel Pierrat, avocat au Barreau de Paris, spécialiste en droit de la propriété intellectuelle, s'est penché sur ses contrats-cadres, qu'il évoque dans un billet de blog[1]. Il mentionne notamment une clause insérée dans un contrat international conclu avec des protagonistes français : « *Rights: Amazon to acquire all rights (including copyright) worldwide in perpetuity* ». Cette clause « illustre la démarche d'Amazon de faire l'acquisition de la totalité des droits pour une période de temps la plus longue possible. En l'occurrence, l'accord mentionne la 'perpétuité', ce qui n'est pas, en théorie, valable en droit français. », souligne-t-il. Netflix et Amazon essayeraient-ils de créer une brèche en introduisant cette notion ?

Peu connu mais frappant, l'exemple suivant illustre les méthodes de négociation de Netflix et prouve sa volonté d'imposer son modèle au cinéma indépendant. Pour lequel il est d'usage que les distributeurs de chaque territoire négocient individuellement des droits de distribution d'un film et investissent parfois dans son financement, avant même le début de sa production. Fin 2014, avant la sortie début 2016 du film *Les Huit salopards* (*The Hateful Eight*) de Quentin Tarantino (l'un des maîtres du cinéma indépendant américain) qui fera un score honorable au box-office (1,8 million d'entrées en France, 54 millions aux États-Unis), son producteur Harvey Weinstein, alors le magnat de la Weinstein Company, avant sa chute vertigineuse fin 2017 tente d'en vendre les droits de distribution à Netflix. Et ce, de manière un peu cavalière. Lorsque la Weinstein Company annonce aux acheteurs que Netflix s'apprête à acquérir les droits mondiaux de distribution SVoD du futur film de Tarantino, elle provoque un esclandre

1. Emmanuel Pierrat, « Écran total : Amazon, Netflix, Hulu… Les nouveaux acteurs du financement audiovisuel et cinématographique », lagbd.fr

à l'AFM (l'*American Film Market*, premier marché américain de films indépendants), à Los Angeles. Les acheteurs sont furieux à l'idée de ne pas pouvoir acquérir les très lucratifs droits digitaux en même temps que les droits de diffusion en salles et en télévision. La Weinstein Company doit rapidement suspendre son plan, et Netflix, qui devait en outre devenir le distributeur exclusif des films de la Weinstein Company, fait également marche arrière. Ironie de l'histoire, un petit tour sur Netflix permet aujourd'hui de constater que la plupart des films de Quentin Tarantino y sont disponibles… Alors même que le cinéaste s'est dit farouchement opposé à Netflix dans plusieurs interviews.

Pour la firme de Los Gatos, l'objectif est bien d'acquérir les droits mondiaux de films… Et il y parvient. C'est ainsi qu'en février 2015, il obtient les droits mondiaux du film de guerre *Jadotville* pour 17 millions de dollars, puis *Beasts of No Nation* pour 12 millions.

Netflix et le cinéma français en 2018

Et dans l'Hexagone, quelles relations nourrit aujourd'hui Netflix avec les cinéastes ? Pour mener son *lobbying*, Netflix ne peut plus compter sur son bureau français, ouvert lors de son lancement en France en septembre 2014, mais prestement fermé en août 2016 lorsque l'entreprise décide de regrouper ses équipes à Amsterdam (Pays-Bas), son *hub* européen où travaillent 220 salariés. Quelques Français continuent cependant d'assurer ses relations publiques, tel que Yann Lafargue, son porte-parole européen, et Damien Couvreur, venu fin 2017 de Gaumont Télévision France, et producteur de la fresque à succès *Narcos.*

Art consommé de la promotion

Face à ses jeunes concurrents, comme Amazon Studios, Netflix a déjà gagné des points grâce à son art consommé du marketing, pour lequel il n'hésite pas à dépenser des fortunes : 900 millions de dollars en 2016, un milliard en 2017. Mais la plupart de ses productions originales ne bénéficient pas de campagnes publicitaires, Netflix se contentant de les signaler directement à ses abonnés via son portail ou par courriels, en s'appuyant sur les calculs de son algorithme, passé maître dans l'art d'identifier les goûts de chacun. Il ne s'agit pas, bien entendu, de newsletters types, mais de courriels personnalisés et adaptés à l'historique de visionnage de ses clients, intitulés « Nos recommandations pour vous ». C'est ainsi que chaque abonné est averti de la diffusion prochaine de la nouvelle saison d'une série qu'il a commencé à visionner, ou de l'existence d'une autre série qu'il pourrait (devrait ?) aimer.

Seuls certains films ou séries à gros budget sont précédés d'une campagne publicitaire digne d'un blockbuster : affiches dans le métro parisien, affiches extérieures, lieux éphémères et… bandes-annonces dans les cinémas (un comble !). Début 2018, Netflix a ainsi offert une promo XXL à *Altered Carbon*, sa nouvelle série de science-fiction à gros budget, adaptée du roman *Carbone modifié* de Richard K. Morgan : dans un univers futuriste, en 2384, assez proche du *Blade Runner* de Ridley Scott, les plus riches peuvent changer de corps indéfiniment grâce à une pile insérée dans le cerveau, qui stocke la mémoire et la personnalité de chaque individu. Netflix a commencé par créer le buzz lors du CES de Las Vegas, le grand salon dédié à la high tech, en y installant le stand d'une start-up fictive, Psychaset, prétendument spécialisée dans le remplacement de corps humain. Il ouvre ensuite un lieu éphémère dans le quartier du Marais à Paris, du 26 janvier au 1er février, juste avant le coup d'envoi de la série. « Devenez immortel dans le corps que vous désirez. ». Cette étrange bannière s'affichait sur la façade du n° 23 de la rue du Roi-de-Sicile, sorte de boutique du futur où des vendeurs en blouse blanche accueillaient des visiteurs qui pouvaient choisir leur avatar sur un ordinateur, ou se faire prendre en photo en position latérale de sécurité dans une poche qui semblait dépourvue d'oxygène. Rien de tel pour donner un aperçu du futur un peu inquiétant de la série *Altered Carbon*.

Autre exemple, *Annihilation*, film d'anticipation angoissé signé d'Alex Garland (*Ex-Machina*), bénéficiant d'un budget de 40 millions de dollars et de la présence de Natalie Portman en tête d'affiche. Le long-métrage a fait l'objet, là encore, d'une vaste campagne marketing, avec diffusion d'une bande-annonce dans les cinémas français où il n'est pourtant jamais sorti. Pour ce film, Netflix a en effet choisi un mode hybride de diffusion : une sortie directe sur sa plateforme, et une sortie en salles « exclusivement aux États-Unis », précise Yann Lafargue.

Autre symbole fort, un onglet Netflix s'affiche depuis 2015 sur la page d'accueil du site web Allociné, très populaire chez les adolescents – l'une des cibles privilégiées de Netflix.

Pour cela, la firme a signé un chèque record à Webedia, la régie publicitaire propriétaire d'Allociné.

Ce marketing tous azimuts, assorti à sa force de frappe mondiale et sa popularité chez les jeunes, commence à séduire certains réalisateurs français.

Sortir en salles ou pas ?

Le 13 avril 2018, Netflix a franchi le Rubicon. Il diffuse sur sa plateforme son premier film français, *Je ne suis pas un homme facile* d'Éléonore Pourriat. Et ce, sans passer par la case cinéma. Une façon bien pratique de contourner la chronologie des médias. Il a tous les codes d'un film indépendant : c'est une comédie romantique féministe qui met en scène Vincent Elbaz en macho déboussolé dans un nouveau monde où les femmes ont pris le pouvoir… Les thèmes du féminisme et de la place des femmes dans la société tombaient on ne peut mieux, après la chute du producteur Harvey Weinstein fin 2017, le débat qui s'en suivit à propos du harcèlement sexuel dans le cinéma et la société en général, et l'apparition des hashtags #MeeToo aux États-Unis et #BalanceTonPorc en France. À la réalisation, Éléonore Pourriat, 46 ans, scénariste des films *Les acteurs anonymes* et *Nos enfants chéris* réalisés par son compagnon Benoît Cohen. Elle a déjà acquis une petite notoriété internationale grâce à son court-métrage *Majorité opprimée* qui imaginait déjà une société où les femmes auraient pris la place sociale des hommes. Un court-métrage vu plus de 9 millions de fois sur YouTube.

« Funa Maduka (responsable d'acquisitions de contenus) de chez Netflix m'a contactée en 2014, après avoir vu mon court-métrage. Elle voulait savoir si j'avais d'autres projets », raconte la jeune femme qui vit à New York[1]. Puis les choses sont allées très vite : « j'ai écrit le scénario en neuf mois, j'ai effectué le casting et nous avons lancé le tournage en 2015 avec un budget digne d'une production indépendante, environ 2 à 3 millions d'euros. C'était assez incroyable que les choses soient aussi faciles pour mon premier long-métrage », s'enthousiasme-t-elle. Éléonore Pourriat a travaillé avec une société de production américaine, Autopilot, ainsi qu'une société de production française, Mademoiselle Films (filiale de Makever) pour le scénario. Du coup, malgré le tournage et le casting en France, « c'est un film étranger, une production américaine ». « Le film est effectivement de nationalité américaine, puisqu'il a été financé et produit par notre société, Autopilot, qui est enregistrée aux États-Unis », confirme par courriel Édouard de Lachomette, un des deux producteurs franco-américains d'Autopilot.

Éléonore Pourriat assure en outre avoir bénéficié d'une « très grande liberté » pour son scénario et son casting (Vincent Elbaz et Marie-Sophie Ferdane, pensionnaire de la Comédie-Française et peu connue au cinéma), alors que « dans le cadre d'une production classique, on ne m'aurait imposé que des têtes d'affiches connues ».

Webfilm ou long-métrage ? En tout cas, la réalisation du film n'a différé en rien de celle d'un film destiné à sortir en salles : « nous avons travaillé dans les mêmes conditions et avec la

1. Entretien avec l'auteure, 11 mai 2018

même exigence : avec une chef opératrice, un ingénieur du son… ». Le fait qu'il ne sorte pas en salles ne la heurte pas. Notamment parce qu'elle a déjà vécu l'expérience d'une diffusion directe sur Internet, pour son court-métrage. Autre argument invoqué : son film connaîtra une audience mondiale et progressive via Netflix. « Aujourd'hui, un premier film qui sort en salles en France se fait dégager de l'affiche au bout de 15 jours. Ici, j'ai une exposition dans 192 pays. Je reçois des commentaires des quatre coins du monde. Et je n'ai pas subi la fameuse pression du mercredi à 14 heures » (lorsque les premiers chiffres d'entrées tombent). « On lui laisse le temps de s'installer par le bouche à oreille », argumente-t-elle encore.

En réalité, *Je ne suis pas un homme facile* n'est pas tout à fait le premier film français produit et diffusé par Netflix, qui avait déjà *Blockbuster* de Julie Hygreck à son actif, diffusé discrètement sur sa plateforme en janvier 2018. Mais comme l'a révélé la presse, ce premier film, d'abord financé via la plateforme de *crowdfunding* (financement participatif) KissKissBankBank, avait été « sauvé » par Netflix alors que son arrivée en salles était compromise.

Le 24 juin, presque en catimini, sans publicité ni push auprès de ses abonnés, Netflix diffuse un autre film français, *Les goûts et les couleurs*, de Myriam Aziza. Une comédie qui aborde de nouveau des sujets très contemporains, autour du personnage de Simone, en couple depuis trois ans avec son amie Claire, qui s'apprête à faire son *coming out* à sa famille juive conservatrice, mais est aussi attirée par un chef cuisinier sénégalais. À la distribution, quelques stars du grand écran « classique », comme Richard Berry et Catherine Jacob. Sortir en salles ou pas, le sujet fait débat au festival de Cannes en mai 2017, puis de nouveau en mai 2018, au point que Netflix a décidé de boycotter le tapis rouge cette année-là. Un film doit-il être diffusé en salles pour être un vrai film ? « Sortir en salles donne la valeur à un film, lui vaut d'être qualifié comme tel », estime Olivier Snanoudj, senior vice-président distribution cinéma de Warner Bros France, et par ailleurs président du Syndicat franco-américain du cinéma. Netflix a rencontré des acteurs du secteur du cinéma français. « Nous discutons avec eux » précise[1] le cinéaste Radu Mihaileanu, président de l'ARP (Association des auteurs-réalisateurs-producteurs). « Veulent-ils faire du cinéma ou uniquement des webfilms ? Pour l'instant, ils disent ne pas vouloir faire de films qui sortent en salles. Mais ils rencontrent des organismes comme le CNC. Pour notre part, s'ils s'inscrivent dans la nouvelle chronologie des médias, devenant des acteurs vertueux, respectant les mêmes règles vis-à-vis de la création, ils sont les bienvenus. » Sa définition des *webfilms* : des films « diffusés sur le web, à partir de plateformes, sur des écrans domestiques ou individuels de télévision, ordinateur, tablette, smartphone, etc. Un film, sans préjuger de sa qualité, n'en est pas vraiment un tant qu'il n'est pas distribué dans une salle de cinéma. » Donc à ses yeux, la case diffusion en salles fait partie des critères de définition d'un film.

Avant de nuancer en rappelant que « dans le passé, des téléfilms de grande qualité, produits pour la télévision, ont eu, par le biais de dérogations, la chance de sortir en salles. C'est le cas par exemple des *Roseaux sauvages* d'André Téchiné,

1. Entretien avec l'auteure, 12 avril 2018

que le cinéaste avait initialement produit pour Arte sous la forme d'un téléfilm de 57 minutes, avant d'en faire un film de 110 minutes pour le cinéma en 1994.».

Arte qui diffuse également le mardi soir des documentaires que l'on retrouve en salle le lendemain. «Elle a exploité une faille dans la chronologie des médias», rappelle Olivier Snanoudj. Citons aussi *Marius et Jeannette* de Robert Guédigian en 1997, et *Les Meilleures intentions* du Bille August. Ce dernier, consacré Palme d'or à Cannes en 1992, est la version grand écran d'une série télévisée littéralement coproduite par La Sept (devenue ensuite Arte). «Le festival de Cannes légitime ce mélange des genres entre la télévision et le cinéma», souligne le chercheur Laurent Creton dans *Le cinéma à l'épreuve du système télévisuel.*[1]

Depuis 2015, Netflix a commencé à mordre sur cette exception française par petites touches: d'abord avec le film français *Divines* de Houda Benyamina, Caméra d'or à Cannes en 2016. En 2017, Marc-Benoît Créancier, son producteur, a vendu les droits de son film pour une diffusion mondiale à Netflix. Un premier film «vendu» à l'ogre américain? Le geste n'a pas laissé indifférent. Mais l'affaire était tentante pour le producteur, avec la perspective de toucher 192 territoires d'un coup en étant distribué via la plateforme Netflix, et percevoir un chèque *ad hoc*, d'un montant inconnu. «Le film n'était pas cher, et difficile à vendre à l'étranger», résume Olivier Snanoudj. Paradoxe, *Divines* peut être vu dans tous les pays où Netflix est

1. Laurent Creton, *Le cinéma à l'épreuve du système télévisuel*, Université de Paris III. Groupe de recherche en économie du cinéma et de l'audiovisuel

disponible... sauf en France, à cause de la fameuse chronologie des médias, qui empêche aux services de SVoD de proposer à leurs abonnés des films sortis il y a moins de 36 mois. « Notre approche consiste à avoir les droits mondiaux pour les films et séries que nous acquérons, quand c'est possible. » précise, chez Netflix, son directeur de la communication pour l'Europe Yann Lafargue. Dans le cas de *Divines*, « nous en avions déjà vu une première mouture au Festival international du film de Dubaï : il était déjà dans notre radar ». Sous-entendu : Netflix n'a absolument pas voulu faire un « coup » lors du Festival de Cannes 2016, où il a été révélé.

Autre fait qui agace dans les milieux du cinéma, Netflix reprend les codes de communication des studios de cinéma et des distributeurs, de ses bandes-annonces à ses affiches qui ressemblent furieusement à celles de films « classiques ». « Les campagnes publicitaires de Netflix reprennent tous nos codes, nous devons maintenant préciser 'Au cinéma' sur nos propres affiches », s'étonne encore Olivier Snanoudj. Face à Netfix, les distributeurs sont désormais contraints de mettre en avant la sortie en salles de leurs films pour se différencier.

Netflix et le festival de Cannes

En 2017, la présentation par Netflix de deux films en compétition officielle, *Okja* de Joon-Ho Bong et *The Meyerowitz Stories* de Noah Baumbach, crée un tollé : Netflix rechigne à sortir ces films en salles, pour les proposer directement à ses abonnés.

En 2018, les organisateurs de Cannes tranchent : le nouveau règlement du Festival impose que tout film en compétition sorte d'abord en salles, et pas plus tôt que trois ans après sur une plateforme de vidéo à la demande. En clair, il demande une application à la lettre de la fameuse chronologie des médias française. Résultat, Netflix a refusé de présenter tout film sur la Croisette cette année-là, dans quelque section que ce soit. Mais rien n'empêchait Netflix de diffuser ses films au festival de Cannes hors compétition. Preuve que les deux parties ont fait preuve d'intransigeance.

« Notre plateforme doit suivre les régulations de chaque pays », assure pourtant Reed Hastings lors d'une table ronde au festival Séries Mania à Lille, le 4 mai 2018, quatre jours avant l'ouverture du festival de Cannes. À ses yeux, les films ont le même statut que les séries : « Nous les traitons de la même façon, nous les produisons directement pour nos abonnés et ils ne sortent pas en salles ». Et à l'avenir ? Toujours à Séries Mania, Reed Hastings adoucissait encore le ton, se disant ouvert à « des créations qui aillent dans tous les sens possibles, c'est comme ça que l'on découvre des pépites. (…) Le futur, pour nous, c'est de devenir un grand producteur mondial qui travaille avec différentes cultures pour en divulguer les contenus, plutôt que ce soit Hollywood qui produise pour le reste du monde ». Tout en annonçant vouloir se concentrer sur d'autres formats que les films, c'est-à-dire non seulement les séries, mais aussi les docu-séries, le stand-up et les émissions pour enfants.

In fine, Netflix ne participe pas à la 71e édition du Festival de Cannes. Les longs-métrages qu'il a financés sont absents de la sélection, tels *The Other Side of the Wind*, film inachevé d'Orson Welles terminé par Peter Bogdanovich, *Roma* du Mexicain Alfonso Cuarón (*Gravity*), *Hold the Dark* de l'Américain Jeremy Saulnier, et *Norway* du Britannique Paul Greengrass (*Jason Bourne).* Alors, d'aucuns estiment que Netflix aurait tout de même dû être présent avec ses productions, quitte à présenter ses films hors compétition. Ni lui, ni les organisateurs du festival de Cannes n'ont pourtant retenu cette alternative. Exemple, pour le film inachevé d'Orson Welles : « nous avons vu passer le dossier, mais nous ne l'avons pas retenu, c'était très cher, c'est un film-patrimoine », révèle David Kessler, le patron d'Orange Studios. « Alors qu'il a une petite valeur commerciale. Il a donc sa place chez Netflix. Mais Netflix aurait dû le montrer à Cannes hors compétition. Le film y gagnait, Cannes également, Netflix aussi. »

Cette polémique n'a pas empêché Netflix de faire ses emplettes lors de l'un des plus grands Marchés du film, qui se déroule chaque année dans le sous-sol du Palais, parallèlement au Festival de Cannes, où 3 000 longs-métrages étaient en vente. Il y a envoyé une délégation de 26 acheteurs et responsables marketing venus tout droit des États-Unis (contre 17 pour Amazon Studios !)[1]. Il y a acheté les droits de deux films primés au Festival, *Heureux comme Lazzaro* d'Alice Rohrwacher (meilleur scénario) et *Girl* de Lukas Dhont (Caméra d'or). Certes, il en a acheté les droits uniquement pour l'Amérique du Nord et pour l'Amérique Latine, et ces films pourront donc bien sortir en salles en France, mais certains y verront une provocation. « Nulle provoc' ! »,

1. Nicole Vulser, « Sortie en salles ou diffusion sur petit écran ? », *Le Monde*, 12 mai 2018

assure Netflix. « Nous avons plusieurs approches : soit nous acquérons des films sur la base du seul script, et nous allons jusqu'à la production, soit nous acquérons le film déjà fini », précise Yann Lafargue de Netflix.

Une chose est sûre, en imposant aux films en compétition une sortie en salles, les organisateurs du festival de Cannes font figure d'exception. De fait, les autres festivals n'ont pas encore exclu les productions de Netflix de leurs compétitions. Par exemple, le premier film Netflix, *Beasts of No Nation*, en 2015, a bien été lancé à la Mostra de Venise (le festival de cinéma italien) alors qu'il n'est pas sorti dans les salles italiennes. Cela n'a posé aucun problème là-bas.

Dans le cas des Oscars, un des autres tapis rouge les plus prestigieux, les règles en la matière sont très souples. Pour concourir, un film doit être sorti 7 jours d'affilée au cinéma entre le 1er janvier et le 31 décembre de l'année précédant la cérémonie. Pour contourner cette contrainte, les petits films qui sortent sur Netflix ou sur une autre plateforme se démènent pour obtenir une sortie limitée en salle, qui leur offre alors le droit d'être nominé aux Oscars. En 2018, ce fut le cas pour le documentaire de Netflix *Icare*, Oscar du meilleur documentaire, qui traite du dopage dans le sport à travers le témoignage de Grigori Rodtchenkov, l'ex-directeur du laboratoire antidopage de Sotchi lors des Jeux olympiques d'hiver de 2014. Preuve de la limite du système des Oscars, ce documentaire, dont Netflix avait arraché les droits mondiaux de diffusion pour 5 millions de dollars au festival de Sundance en janvier 2017, a été diffusé sur la plateforme dès l'été 2017, avant de sortir dans une poignée de salles fin 2017.

Une ambiguïté contre laquelle même des réalisateurs américains ont protesté, tel que Steven Spielberg, qui avertissait dans une interview à ITV News, en mars 2018 : « De moins en moins de réalisateurs vont se battre pour monter un budget, ou pour entrer en compétition à Sundance afin d'obtenir l'un de ces labels qui leur permettra une sortie en salles. La plupart vont laisser le business de la SVoD financer leurs films avec la promesse d'une petite sortie en salles pendant une semaine pour les qualifier pour les Oscars ». Déjà en juillet 2017, Christopher Nolan, le réalisateur de la trilogie *Batman*, critiquait le modèle de Netflix. « Ils ont cette politique insensée de rendre tout simultanément disponible en ligne lors de la sortie, ce qui est un modèle évidemment intenable pour des sorties au cinéma ».

Preuve que le sujet ne fait pas débat qu'en France.

La rareté des œuvres, un principe révolu ?

La valeur d'une œuvre diffusée sur Netflix peut-elle baisser ? La question préoccupe le milieu audiovisuel : un abonnement à 10 € par mois qui permet d'accéder à une multitude de films et de séries, ne risque-t-il pas de les dévaloriser ? Et qu'en est-il de sa multidiffusion, puisqu'il est accessible à l'envi dans le catalogue Netflix, et que sa diffusion n'est plus soumise aux grilles de programmes télévisés ? « Un acteur mondial comme Netflix a un effet négatif sur la valeur patrimoniale des programmes. Dans nos métiers, il y a une valeur attachée à la rareté. Un film se vend plus cher s'il passe rarement à la télévision. Or, Netflix repose sur un modèle de diffusion illimitée », explique un acteur du secteur.

« Quand un film est vendu à Netflix, il n'a plus de vie après – puisqu'il ne connaît plus le circuit traditionnel : passage en salles, DVD, télévision, etc. Il est enterré chez Netflix, comme c'est le cas par exemple pour *Okja* », résume un directeur de syndicat professionnel. Or, ce qui fait la valeur d'un film, c'est sa valeur de « catalogue », sa capacité à être exploité dans la durée, sur plusieurs années, sur plusieurs supports. « Aujourd'hui, ce n'est plus l'œuvre qui a de la valeur, mais le catalogue », confirme Radu Mihaeleanu. Même le modèle économique de Netflix et consorts, basé sur un abonnement mensuel, ferait donc perdre de la valeur aux œuvres. Ce qui est patent aussi dans le cas d'Amazon Prime Video : « dans ce cas, le cinéma et les séries servent de produit d'appel pour le service Amazon Prime, à un prix dérisoire de 49 € par an. La valeur de l'œuvre est quasiment nulle », souligne un cinéaste.

6

Netflix face à l'« exception française »

Netflix est devenu un acteur installé dans le nouveau paysage audiovisuel français, trois ans et demi après son arrivée en trombe. En mai 2018, il compte 3,5 millions d'abonnés, affirme *Libération*. Netflix, qui ne donne jamais de chiffres par pays, ne confirme ni n'infirme. Dans tous les cas, il domine largement parmi les acteurs de la SVoD.

Canal+, pour sa part, semble souffrir lourdement de l'arrivée de Netflix. Pourtant, il avait fait figure d'avant-gardiste en lançant son service de SVoD CanalPlay dès 2011. Mais celui-ci voit fondre ses abonnés, qui sont 199 000 au printemps 2018, contre 600 000 en 2014 !

Et de fait, le 27 juin 2018, Maxime Saada, président du groupe Canal+, lâche « C'est terminé pour CanalPlay », lors de son audition devant la Commission de la culture du Sénat. Pour lui, Canal+ a surtout pâti des rigueurs administratives imposées par l'Autorité de la concurrence. « On nous a interdit d'avoir des exclusivités face à Amazon et Netflix», déplore ce jour-là Maxime Saada.

CanalPlay avait en effet l'impossibilité de proposer certains contenus exclusifs, donc uniquement sur sa plateforme, même des séries produites et diffusée par Canal+, comme *Les Revenants*. Une vraie épine dans le pied, alors que les exclusivités sont le nerf de la guerre pour les services de SVoD. Certes, la contrainte a été levée en juin 2017. «Trop tard», pour Maxime Saada.

Parmi les rares autres concurrents figure Orange, 2,9 millions d'abonnés en mai 2018. L'opérateur a eu l'intelligence de lancer son service OCS Go en novembre 2016, pour s'adapter à ces nouveaux modes de consommation. «Les abonnés veulent pouvoir accéder à leurs séries ou à des films, dans le train ou en voyage. Et l'accès en mode OTT ne se substitue pas – pour l'instant – aux box, qui restent le mode de consommation privilégié dans le foyer», précise David Kessler, patron d'Orange Studio.

L'OTT devient d'autant plus inévitable pour les opérateurs que, depuis le 1er avril 2018, les Européens abonnés à des fournisseurs de contenus numériques comme Netflix, Deezer ou Spotify profitent de l'entrée en vigueur d'un règlement voté par le Parlement européen en juin 2017. Celui-ci permet aux abonnés qui résident dans l'un des 28 États membres de «regarder des films ou des émissions sportives, d'écouter de la musique, de télécharger des livres électroniques ou de jouer à des jeux lorsqu'ils se rendent dans d'autres pays de l'Union europpéenne pour un voyage ou un séjour temporaire.»

Jusque là, leur abonnement n'était valable que dans le pays où il l'avait souscrit. Du pain bénit pour les abonnés aux services d'abonnement du type Canal+, Netflix, OCS Go, ou Spotify et Deezer côté musique.

Orange a aussi su assurer ses arrières face à la concurrence avec la reconduction de son accord de partenariat avec HBO en mars 2017, qui lui assure une confortable exclusivité sur le catalogue de la chaîne américaine durant plusieurs années. Il est devenu « l'unique distributeur des séries de HBO en France ». Canal+ n'est plus associé à ce partenariat : les chaînes payantes de Vivendi ne diffuseront plus du tout de séries HBO quelques mois après OCS, comme c'était le cas jusqu'à présent. De plus, OCS peut, par le biais d'une plate-forme à la demande, donner un accès à 100 % du catalogue de HBO qui comprend notamment des séries prestigieuses comme *Westworld*, *The Handmaid's Tale*, *The Wire*, ou *Game of Thrones*.

Un autre opérateur télécoms s'est lancé sur ce marché : SFR. Détenu par Altice (Patrick Drahi) depuis 2014, SFR lance en novembre 2015 son nouveau service de SVoD, Zive. Celui-ci est réservé dans un premier temps à ses abonnés, pour 9,99 € par mois. Il dispose lors de son lancement d'un catalogue de 5 000 programmes en haute définition, destiné notamment à la jeunesse. Pour l'alimenter, SFR noue des accords avec les studios Disney, Viacom, Lagardère, Xilam, IMPS, Nathan ou encore France Télévisions. Début 2017, Zive passe à l'étape supérieure : rebaptisé SFR Play, le service est désormais proposé à tous, comme Netflix, via Internet en mode OTT. Il revendique alors 1,2 million d'abonnés et compte sur des contenus originaux pour se développer. Il diffuse notamment la série *Taken* adaptée des films produits par Luc Besson, *Les Médicis maîtres de Florence*, la saison 2 de *Sirènes*… Sans oublier, côté américain, les séries *Battlestar Galactica, Castle* ou encore *Heroes*. Dopé par des blockbusters hollywoodiens, du cinéma français et des comédies et films cultes, son catalogue compte à présent près de 1 000 films, dont 30 % de créations françaises.

Derrière, sur un marché de niche, le petit Français Filmo TV continue de tirer son épingle du jeu, en affichant 200 000 abonnés, 6 millions d'euros de chiffre d'affaires en 2017, et un catalogue de 3 000 films à louer ou acheter à l'unité, et 750 films accessibles par abonnement. « Paradoxalement, l'arrivée de Netflix nous a plutôt aidés : ils ont fait connaître la vidéo à la demande sur abonnement en France », souligne Bruno Delecour, fondateur de Filmo TV.[1] Filiale du distributeur Wild Bunch, après avoir hésité sur l'Eldorado qu'offraient les séries, il s'est concentré sur le cinéma. Films d'auteur, classiques, humoristiques, de l'Hexagone, des États-Unis ou encore d'Asie sont en programme. Mais Filmo TV se veut la version numérique du vidéoclub : « on effectue un travail éditorial autour des films, on produit des vidéos de présentation, sur des thématiques présentées par des réalisateurs… L'idée, c'est de créer un écrin autour des films », explique Bruno Delecour.

Dans la même veine, un autre petit poucet a fait son apparition en juin 2018 : FilmStruck. Lancé aux États-Unis en

1. Entretien avec l'auteure, 22 mai 2018

2016 puis en Grande-Bretagne, ce n'est pas tout à fait une start-up indépendante : il est né de la collaboration entre les entités Warner et Turner du géant américain Time Warner. Mais, tout comme Filmo TV, il occupe un créneau très cinéphile, des Charlie Chaplin aux films étrangers comme ceux d'Abbas Kiarostami. Son offre de 500 à 600 films, accessible pour 5,99 € par mois (ou 59,90 € par an), pioche dans des catalogues français (StudioCanal, MK2 et Carlotta Films) et celui de Warner Bros.

Les opérateurs télécoms, partenaires obligés

Les opérateurs télécoms sont des partenaires avec lesquels Netflix, Amazon Prime Video et bientôt leurs autres camarades GAFA, doivent composer. Assurément, la vidéo à la demande sur abonnement est très dépendante d'eux dans l'Hexagone. Son succès est aussi lié à la généralisation des box Internet chez les particuliers, partout en France. De fait, il faut disposer d'une bonne connexion Internet pour le streaming, qui est très gourmand en bande passante. C'est bien pour cela que, depuis 2017, les offres se sont multipliées, chez ces diffuseurs OTT (Netflix, CanalPlay, Amazon Prime Video…), ainsi que chez les fournisseurs d'accès à Internet tricolores (OCS chez Orange, SFR Play) qui se sont positionnés sur l'échiquier.

Netflix l'a bien compris en dealant des accords avec des opérateurs dès son arrivée en France. En mai 2018, il est à présent intégré par Orange, SFR/Altice et Bouygues

Telecom dans leur interface télévisée. Un seul FAI (fournisseur d'accès à Internet) manque à l'appel : Free (les négociations semblent toujours au point mort). Les opérateurs y trouvent leur compte car Netflix, fort de ses millions de clients, est susceptible de leur apporter de nouveaux abonnés. Et de toute manière, Netflix est devenu un service très utilisé sur leurs box. En outre, l'abonnement à Netflix est prélevé directement sur la facture de l'opérateur télécom, qui en prend une part au passage. Une participation qui contribue au financement de son réseau Internet. Les opérateurs considèrent donc Netflix à la fois comme un concurrent et un partenaire, et les exemples ne manquent pas.

Prenons Orange : en septembre 2017, Netflix annonce la signature d'un accord international avec l'opérateur, un « accord-cadre dont bénéficie Netflix lorsqu'il arrive dans un pays où Orange est présent », précise David Kessler. Orange propose un accès à Netflix dans tous les territoires où il est présent, soit 29 pays répartis entre l'Europe, l'Afrique et le Moyen-Orient. La Pologne sera le premier pays concerné par cet accord, « dans les prochains mois ». Le partenariat sera étendu petit à petit dans d'autres pays durant l'année 2018.

Autre exemple : en juin 2017, Netflix signe également un partenariat avec Altice, afin que son service soit distribué auprès des 50 millions de clients du groupe télécom en France, en Israël, au Portugal et en République Dominicaine. En France, SFR a même fait de Netflix un « plus-produit », en proposant des offres « *bundle* » qui incluent six mois d'accès gratuit à Netflix à toutes les personnes souscrivant une offre « SFR Family » (regroupement des lignes Internet fixe et mobile d'un même foyer).

Netflix, un produit d'appel pour les opérateurs télécoms ? Un comble ! Reste à voir si, à l'avenir, la box Internet sera encore un passage obligé pour cette nouvelle génération de services audiovisuels qui peuvent s'en passer, en s'auto-distribuant directement via Internet, en OTT précisément. Un nouveau-venu comme la start-up Molotov (voir page 124) ne jure que par cela. « Aujourd'hui, mes abonnements sont liés à la box Internet. Et pour les jeunes et les plus connectés, la zappette et la télévision en live, c'est fini ! La télévision de demain consistera à pouvoir se connecter sur une plateforme en OTT, où que je sois dans le monde et depuis n'importe quel écran, en naviguant d'une chaîne à l'autre, d'un contenu à l'autre », assure Jean-David Blanc, cofondateur de Molotov. Et de citer la généralisation des téléviseurs connectables à Internet (donc sans box), ainsi que la portabilité des services numériques, effective depuis le 1er avril 2018 pour les citoyens de l'Union européenne. « Dans 5 ans, les box seront obsolètes ».

La SVoD demeure cependant un facteur de concurrence entre opérateurs télécoms. SFR Play, dernier-venu dans l'Hexagone sur ce créneau, pourra difficilement imposer son nouveau service sur les box de ses camarades-concurrents, les autres FAI (Orange, Free, Bouygues Telecom). Mais CanalPlay, toujours accessible depuis les box Orange, Free ou Bouygues Telecom, ne l'est plus sur celle d'Altice… Le lancement de SFR Play n'y est sans doute pas étranger !

Amazon Prime Video, le géant américain d'e-commerce, n'a quant à lui pas encore obtenu d'accord de diffusion avec les FAI français, ces derniers jugeant inacceptables les conditions demandées par Amazon. En France, ce service n'est donc disponible qu'en OTT. Les choses pourraient cependant changer : « Nous sommes en discussions avec des opérateurs français pour embarquer sur leurs box », assure Éric Bergaglia.

La « chronologie des médias » de l'Hexagone, un casse-tête

Netflix va-t-il changer les règles du cinéma français ? En tout cas, le bras de fer qu'il a engagé à l'occasion du Festival de Cannes, en 2017 puis en 2018, en rechignant à sortir « ses » films en salles, a remis en lumière la « chronologie des médias » qui régit les rapports entre le cinéma et ses modes de diffusion en France, depuis trente ans. Concrètement, c'est un cadre qui fixe pour chaque type d'exploitation (TV, VoD, SVoD, etc.) un délai d'attente différent à respecter après la sortie d'un film en salle. C'est une vieille histoire. Chaque innovation dans l'audiovisuel a potentiellement menacé ce fragile système, dont dépend le système de financement de cinéma propre à la France. Dans les années 1980, ce sont les cassettes vidéo qui inquiètent les professionnels du secteur, qui voient en elles une menace pour le grand écran. En 1982, Jack Lang, alors ministre de la Culture, s'attaque au dossier. Pour protéger le cinéma, il fixe par décret un délai d'un an entre la sortie d'un film et sa commercialisation en vidéo. La chronologie des médias est née. Le public devra désormais attendre après la première sortie en salle pour voir dans son salon *Blade Runner* de Ridley Scott ou *E.T.* de Steven Spielberg, deux des cartons de 1982.

Deux ans après, Canal+ est lancée en France, et bouleverse à son tour ce système. Or, les chaînes commencent alors à entrer dans la boucle de la production des longs-métrages. Un nouvel accord est signé, avec un principe de base : les chaînes obtiennent une exclusivité de diffusion pendant un temps donné sur les films qu'elles ont contribué à préfinancer. Le délai de diffusion d'un film s'établit alors à un an (délai aligné sur celui de la sortie en vidéo) pour Canal+, deux ans pour les chaînes qui l'ont coproduit, et trois ans pour toutes les autres.

À la fin des années 1990, l'Union européenne établit que cette « chronologie des médias » doit être discutée et décidée entre les professionnels eux-mêmes. En 2009, industriels du cinéma, de la télévision et de la vidéo se réunissent donc pour mettre à jour les règles des années 1980. Une discussion à laquelle Netflix, qui n'existait pas dans sa forme actuelle, et YouTube qui n'était pas aussi fréquenté, n'ont pas participé. De fait, tous deux sont peu favorisés par la chronologie des médias : 36 mois de délai pour la première, 48 mois pour la seconde, contre seulement 4 mois pour les DVD et la vidéo à la demande (VoD), qui permet de louer un film ou une émission à visionner en ligne, moyennant un paiement à l'unité.

Et maintenant ? L'accord de 2009 doit être rediscuté dans les prochains mois. Frédérique Bredin, présidente du Centre national du cinéma (CNC) a fait plusieurs propositions pour raccourcir les délais auxquels sont soumis Netflix et les autres services par abonnement. Elle évoque un temps d'attente de 22 mois pour ce qu'elle appelle les « plateformes vertueuses », c'est-à-dire celles « qui acceptent le modèle de contribution au financement de la création ». Il est également question en mars 2017 que ces nouveaux diffuseurs puissent carrément obtenir les mêmes droits que la télévision payante – et donc, que Canal+, à condition de financer aussi le cinéma français. Les discussions étaient au point mort depuis 4 ans, lorsqu'en avril 2018, la ministre de la Culture, Françoise Nyssen, a annoncé « prendre la main » sur le dossier qui, *de facto*, échappait aux professionnels de l'audiovisuel. Depuis, silence radio au CNC, qui ne répond plus aux questions de la presse sur le sujet.

Un mois plus tard, en plein Festival de Cannes et donc dans un contexte tendu, la ministre tend la main aux plateformes de streaming vidéo comme Netflix, expliquant à 500 professionnels réunis par le CNC que « l'heure n'est plus à la confrontation ». « Les plateformes sont dans nos vies. Elles diffusent la création (...). Les acteurs comme Netflix ont leur place dans notre écosystème audiovisuel, dès lors qu'ils se conforment à nos règles sur le droit d'auteur, la production, la diffusion des films en salles ». Voilà qui a le mérite d'être clair. Pour bien enfoncer le clou, elle souligne au passage que Reed Hastings, le patron de Netflix, s'est engagé récemment « à respecter nos règles, à payer la taxe (de 2 %) au CNC et à investir dans la production française ». Et de confirmer qu'elle agirait par la loi, « en prenant (ses) responsabilités » si un accord n'était pas trouvé entre les différents acteurs.

Depuis, Netflix discute régulièrement avec des organismes comme l'Association des réalisateurs producteurs (ARP) ou le CNC. L'ARP estime qu'il faut plus de « souplesse » entre la vie des films en salles, qui dure six semaines, et leur sortie en vidéo à la demande (VoD) ou en DVD au bout de quatre mois. Dans cet intervalle, « il y a un vide qui profite surtout au piratage », estime Radu Mihaileanu, président de l'ARP. Chez Netflix, le point de vue est simple : lui représente le nouveau monde, face au vieux monde du cinéma – surtout français. « Nous essayons d'abolir les frontières. Dans les autres pays, il faut attendre en général 3 ou 6 mois pour proposer un film sur notre plateforme », précise Yann Lafargue, porte-parole de Neflix pour l'Europe. Sous-entendu : sauf pour la France, qui impose donc un délai de 36 mois. « À l'heure des médias sociaux, devoir attendre un an ou deux pour voir un film qui suscite le buzz génère une incompréhension. Ainsi que de la frustration. Ou du piratage ».

Netflix & Cie face au financement du cinéma, entre exception française et quotas européens

Pourquoi le cinéma français a mis un *casus belli* sur ce sujet épineux de la sortie des films en salles ? Question de principe ? Noble cinéphilie ? Pas seulement. Derrière cela, il y a des histoires de gros sous qui se jouent. Les professionnels français sont tout simplement attachés à leur source de financement. Sur chaque billet de cinéma, le Centre national du cinéma et de l'image animée (CNC) prélève une taxe de 10,7 %. Cette taxe rapporte environ 150 millions d'euros par an, qui sont ensuite réinvestis dans la production de films français. C'est le fondement même du système de l'exception culturelle – il porte bien son nom, puisque la France est le seul pays au monde à l'avoir instauré ! Et il s'articule avec le système de la chronologie des médias. C'est à ce dernier que le cinéma français doit en bonne partie sa vigueur.

L'audiovisuel français ne veut donc surtout pas que Netflix – et demain, d'autres GAFA – fassent s'effondrer ce château de cartes patiemment élaboré au fil des années. Car évidemment, un film qui sort directement sur la plateforme Netflix sans être distribué en salles, ne lui rapporte rien. Sous pression de tous les côtés, Netflix – suivi par Amazon Studios et les autres – va donc bien devoir verser son obole au financement du cinéma. Certes, ils investissent déjà dans la production française, à la fois en achat de droits et en préfinancement. Mais l'étau réglementaire se resserre et Netflix et consorts n'ont d'autre choix que de rentrer dans le rang. Ils sont considérés comme des diffuseurs d'œuvres audiovisuelles comme les autres – et comme s'inscrivant dans l'écosystème de financement du cinéma français. Depuis les années 1990, les autres services de diffusion doivent déjà verser cette obole : salles de cinéma, chaînes de télévision, services de vente et la location de films sur support physique, et plus récemment les services de VoD et de SVoD français.

Dans plusieurs pays, la tendance s'esquisse. Pionnière, la France instaure par décret, dès septembre 2017, une taxe de 2 % pour les plateformes de vidéo à la demande. Elle est en vigueur depuis le 1er janvier 2018. Prélevée sur leur chiffre d'affaires, elle est reversée au Centre national du cinéma, qui soutient la création audiovisuelle. En fait, cette taxe avait été instaurée et votée dès 2014, peu avant l'arrivée de Netflix dans l'Hexagone. Mais il a fallu attendre trois ans, et l'aval de Bruxelles (rétive à l'idée qu'un État puisse taxer une entreprise basée dans un autre État-membre de l'Union), pour que le décret d'application paraisse. Or, par un étrange hasard, Netflix avait fermé son bureau français en août 2016 – pour échapper à cette taxe ? Depuis, il pilote toutes ses activités européennes depuis son siège à Amsterdam (Pays-Bas).

En Allemagne, le cinéma dépend d'un fonds de soutien géré par la FFA (*German Federal Film Board*), l'équivalent allemand du CNC, alimenté par une taxe de 2,5 % sur le chiffre d'affaire des diffuseurs. En 2014, le pays décide l'extension du paiement de cette taxe aux services de vidéo à la demande établis en dehors de l'Allemagne. Visé, Netflix tente d'y échapper, mais le tribunal européen rejette son recours au printemps 2018.

Au même moment, coup de théâtre, Bruxelles elle-même prend l'initiative. La presse rapporte alors que les acteurs de l'audiovisuel « non régulés » devront se plier à des règles. Notamment, verser de l'argent… Nom de code : le projet de directive « SMA » (services de médias audiovisuels). Le 26 avril, les institutions européennes ont abouti à un accord commun sur la révision de la directive qui régit les médias audiovisuels. Ce texte était dans les limbes depuis plusieurs mois. Mais le contexte a évolué: l'Union européenne a décidé de se battre contre l'optimisation fiscale opérée par les GAFA, qualifiée de «défi majeur». Elle ne supporte plus de les voir évoluer hors des lois, ou presque. Or, Netflix, qui pèse désormais presque autant que Disney en Bourse, est assimilé à un GAFA… Quand bien même son porte-parole, Yann Lafargue, assure que l'entreprise n'a pas «vocation à disrupter le système»: «On essaie de se mettre à la place du consommateur».

Le projet de directive SMA impose très concrètement que figurent au moins 30 % d'œuvres européennes dans les catalogues des plateformes de vidéos à la demande (type Netflix, Amazon Prime Video, Altice Studios). C'est un alignement partiel sur les chaînes de télévision, qui doivent diffuser au moins 50 % de contenus européens. Autre volet du projet, ces services de SVoD doivent être soumis à des obligations de financement des oeuvres. Enfin, la directive s'appliquera tout autant aux services basés ailleurs qu'en France: «même s'il est installé aux Pays-Bas, Netflix devra bel et bien se plier à la directive SMA et à la loi française en contribuant à la création s'il destine ses programmes à la France», précise Ralu Mihaileanu. «Un joli cadeau pour l'audiovisuel français», soulignent *Les Échos* le 29 avril 2018[1]: SMA prévoit que les services de SVoD consacre 26 % de leurs revenus aux oeuvres européennes, dont 22 % aux œuvres françaises.

1. *Les Echos*, 29 avril 2018, «Vidéo à la demande: l'Europe entérine le principe d'exception culturelle»

Résultat : si Netflix compte bien 3,2 millions d'abonnés dans l'Hexagone, selon les estimations sorties dans la presse en avril 2018, « il pourrait être mis à contribution à ce taux sur la base de plus de 300 millions de chiffre d'affaires annuel », relève *Les Échos*. En jeu, potentiellement plus de 100 millions d'euros pour la production hexagonale. Certes, les services de SVoD versaient déjà leur contribution, à la fois en achats de droits et en préfinancements. Mais avec la directive SMA, ils devront mettre au pot de manière plus encadrée. Tout comme le font déjà les chaînes de télévision françaises : TF1 et M6 consacrent 3,2 % de leur chiffre d'affaires au cinéma européen (dont 2,5 % pour le cinéma français), et 12,5 % aux œuvres audiovisuelles. Canal+, grand argentier traditionnel du cinéma, consacre 12,5 % au cinéma européen, dont 9,5 % au cinéma français.

Prochaine étape décisive, la directive SMA doit être adoptée et publiée d'ici la fin de l'automne 2018. Les États auront ensuite un ou deux ans pour l'intéger à leur législation. « Les décrets sur les quotas d'investissements imposés à Netflix – et j'espère sincèrement me tromper – je n'y crois pas du tout », nuance pourtant un directeur de la filiale cinéma d'un groupe français. « On pourra sans doute négocier avec Netflix un montant d'investissement total des séries, s'il peut choisir dans quelles séries il investit ». Et de constater, un rien résigné : « Il y a là une remise en cause très forte de l'écosystème français. Il s'est développé de manière fermée, où diffuseurs, fournisseurs d'accès à Internet etc., paient des taxes. Et où le cinéma fonctionne avec pas mal d'argent. » Mais tout change avec Netflix et consorts : « Les nouveaux acteurs ne veulent pas de nos règles du jeu. Il faut, à mes yeux, réinventer le système. ».

L'impossible alliance frenchie (voire européenne) face à Netflix

En 2018, pour le moins, la concurrence est éparpillée face à Netflix. Tout comme les contrefeux locaux qui tentent de se mettre en place. Comment contrer Netflix ? Que proposer de nouveau ?

À plusieurs reprises, des chaînes de télévision ou des start-up tentent de nouveaux modèles de distribution, pour s'adapter à ces nouveaux modes de consommation de l'audiovisuel, que Netflix a su capter au bon moment. Exemple : Molotov, lancée en juillet 2016 par trois fins connaisseurs du PAF, Jean-David Blanc (cofondateur d'Allociné), Jean-Michel Derville (ex-TF1) et Pierre Lescure (cofondateur de Canal+ et président du Festival de Cannes depuis avril 2018). Ils ont les moyens : pour lancer ce service, ils sont parvenus à réunir 22 millions d'euros fin 2016, puis 10 millions supplémentaires un an plus tard. Molotov est une sorte de service de distribution de l'ensemble des chaînes de télévision, en direct et en replay, sur une seule interface accessible via Internet. « L'offre télévisuelle en France est passée de 6 chaînes dans les années 1980 à 150 aujourd'hui. L'objectif de Molotov est de moderniser l'accès à la télévision à l'ère d'Internet, et d'organiser la distribution des programmes », résume Jean-David Blanc[1]. Selon ses fondateurs, la plateforme permet d'accéder à l'ensemble de l'offre des éditeurs, et revendique de référencer « la quasi-totalité de l'audience nationale, chaînes gratuites et payantes incluses ». En mai 2018, il revendique 2 millions d'utilisateurs actifs par mois et une base de 5 millions d'inscrits. Est-ce que le service entrera dans les usages ? Pour se diversifier, ils ont lancé en mai 2018 une chaîne INA, en partenariat avec l'Institut national de l'audiovisuel, qui cherche à rentabiliser les précieuses archives audiovisuelles dont l'Institut a la charge. Pourtant, preuve qu'il est difficile d'allier tous les diffuseurs autour d'un tel service, Molotov fait face à des difficultés depuis fin 2017, notamment en raison de la frilosité des chaînes de télévision, comme M6, qu'il peine à convaincre de le rejoindre. En juillet 2018, il est même en quête d'un acquéreur.

D'autres tentatives de start-ups, comme MySkreen (voir page 30) ont bien vu le jour, mais avec des destins variés. Le serpent de mer du « Hulu à la française » serait quant à lui toujours dans les tuyaux : non pas sous la forme d'une plateforme de SVoD à la Netflix, mais plutôt celle d'un service de rattrapage partiellement payant. Or, c'est à l'échelle européenne, et en impliquant les services publics de chaque pays, que pourraient bien venir des solutions.

Le 19 avril, alors que la tension monte avec les polémiques opposant Netflix aux organisateurs du Festival de Cannes, les chaînes de télévision nordiques frappent un grand coup.

1. Entretien avec l'auteure, 28 mai 2018

Les principaux diffuseurs, DR (Danemark), SVT (Suède), NRK (Norvège), Yle (Finlande) et la RUV (Islande) annoncent leur alliance, avec pour objectif la production d'une douzaine de séries par an, dès 2018. Nom de code : « Nordik 12 ». Ces séries seront diffusées quasi simultanément dans les cinq pays, avant d'être disponibles, en accès gratuit et illimité pendant un an, sur les sites des cinq partenaires. Une flèche décochée à Netflix qui a déjà grappillé 58 % des parts de marché SVoD dans ces pays et qui, à partir du 4 mai (soit quelques jours après l'annonce des chaînes nordiques), diffuse sa première grande production danoise, la série survivaliste *The Rain*.

Quelques jours après, France Télévisions embraie et relance son vieux rêve de concurrencer Netflix. Le 3 mai 2018, lors du festival Séries Mania à Lille, Delphine Ernotte, la présidente du groupe, annonce l'alliance de France Télévisions avec les groupes audiovisuels publics italien (la RAI) et allemand (la ZDF). Ensemble, les trois partenaires créént un regroupement baptisé l'Alliance, destiné à échanger et à coproduire des séries « de grande envergure ». En réalité, l'objectif de cette alliance est avant tout que « les droits de ces séries restent propriétés des services publics européens », précise alors Takis Candilis, le directeur des programmes de France TV aux *Échos*[1]. En clair, éviter leur fuite vers Netflix et compagnie. « Nous ne voulons pas que nos fictions phares se retrouvent dans des services SVoD étrangers alors que nous avons, à plusieurs, les moyens de

1. Takis Candilis : « Les belles séries du service public ne doivent pas finir sur Netflix », *Les Échos*, 26 avril 2018

prendre en charge le coût total de la production. », ajoute-t-il. L'autre objectif, c'est d'obtenir davantage de droits sur les œuvres – notamment les droits SVoD – et donc de contrer les GAFA sur ce terrain. Pour montrer que cette Alliance se concrétise et qu'il ne s'agit pas d'un nouveau coup d'épée dans l'eau, Takis Candilis révèle dans la foulée le lancement de plusieurs fictions à gros budget. L'une d'elle, consacrée au personnage de Leonard de Vinci, associe les trois partenaires, pour un budget avoisinant les 2,5 à 3,5 millions d'euros de l'heure. Deux autres projets, *Mirage*, initiée par la société de production française Lincoln TV, tournée à Dubaï début 2019, et *Eternal City*, qui se déroule à Rome dans les années 1960, associent France Télévisions et la RAI pour des budgets d'environ 2 millions d'euros par épisode.

Outre-Manche, enfin, une alliance « anti-Netflix » est annoncée le 12 juin 2018. La BBC, ITV et Channel 4 s'allient en créant une application de streaming commune pour leurs programmes, et y investissent 125 millions de livres (soit environ 142 millions d'euros). Elle sera intégrée à Freeview, une plate-forme mise en place par les diffuseurs publics de la télévision britannique, que regardent régulièrement 19 millions de foyers.

Autre initiative, franco-française cette fois : en juin 2018, France Télévisions, TF1 et M6 annoncent leur intention de lancer Salto, qui devrait voir le jour en 2019. Une alternative française à Netflix, avec un modèle proche de celui de Hulu, qui propose outre Atlantique de la télé en live et de la publicité). Son originalité : des avant-premières d'épisodes de séries, du direct et plus classiquement un vaste catalogue de contenus. France Télévisions aurait à disposition près de 15 000 titres[1].

Concrètement, ce sera une plateforme payante d'accès à la télévision par le Web (en OTT). Pour 2 à 3 € par mois, on aura accès aux chaînes de France Télévisions, TF1 et M6 en live et à leurs services de *replay.* Pour 7 à 8 € par mois, il permettra d'accéder, en plus, à un service de type Netflix avec un catalogue de contenus allant au-delà des offres de *replay*.

France Télévisions, TF1 et M6 engagent 50 à 60 millions d'euros à trois au total dans cette aventure. Est-ce que cela sera suffisant face à Netflix et consorts ?

Productions ultra locales

C'est devenu l'un des fers de lance de Netflix : à côté de ses superproductions mondiales, il s'applique à développer des productions locales. En mars 2017, Reed Hastings, de passage à Berlin pour l'événement annuel européen « *See What's Next* », où il dévoile ses prochaines productions, reprend ainsi son mantra, qu'il répète depuis les débuts de Netflix : « Créer une audience mondiale pour des productions locales ». « Quand nous produisons un contenu européen, il ne trouve pas seulement une audience importante en Europe ; plus des deux tiers des visionnages se font en

1. Caroline Sallé et Enguérand Renault, « France Télévisions, M6 et TF1 lancent un Netflix à la française », *Le Figaro*, 15 juin 2018

dehors de l'Europe : en Amérique du Nord, en Amérique latine, en Asie ». La stratégie de Netflix se précise désormais : la plateforme mise sur des contenus produits localement, qu'elle ne destine pas exclusivement au public du pays pour lesquels ils sont conçus.

C'est ainsi que, dès son arrivée dans l'Hexagone en 2014, Netflix annonce le tournage de la série *Marseille*, avec Gérard Depardieu en tête d'affiche. « On vise une dizaine de productions françaises par an », entre films, séries et documentaires, nous précise ainsi Yann Lafargue, porte-parole de la plateforme pour l'Europe, malgré le succès mitigé de *Marseille*. Lors de son showcase européen annuel à Rome, en avril 2018, où il dévoile ses principaux programmes, le géant américain divulgue ainsi plusieurs projets français dans des genres inattendus. L'un des projets les plus étonnants est la série musicale *The Eddy* (pour moitié en français) de Damien Chazelle (*La La Land*), signée en 2017. Citons également *Osmosis*, une série d'anticipation écrite par une scénariste de séries-blockbusters, Audrey Fouché (*Les Revenants*, *Borgia*), qui nous emmènera dans un Paris futuriste où l'application Osmosis promet à ses utilisateurs de trouver le partenaire idéal grâce à des micro-robots implantés dans leur cerveau. Thomas Vincent (*Versailles*) réalisera les deux premiers des huit épisodes. Ou encore *Génération Q*, une série signée Noémie Saglio (remarquée en 2013 sur Canal+ et créatrice de *Connasse*, un archétype de parisienne insupportable) qui mettra en scène un groupe de jeunes qui ne s'expliquent pas pourquoi leur amie Elisa, perpétuelle célibataire, est si malheureuse en amour…

Une série de super-héros enfin, avec la production de *Mortel,* mettant en scène des jeunes dont les destins se trouvent liés par une force surnaturelle.

Netflix cherche aussi à se distinguer en acquérant ou en produisant des documentaires ultra locaux, parfois pointus, confiés à des réalisateurs prestigieux. Il surfe surtout sur la vague d'un genre documentaire, le « documentaire en série ». Découpé en plusieurs épisodes (comme une série télévisée), il s'agit d'un « polars du réel », une histoire vraie qui se regarde (presque) comme une série. En juin 2018, Netflix se fait remarquer en la matière en proposant *13 novembre : Fluctuat Nec Mergitur*, un documentaire en trois parties sur les attentats du 13 novembre 2015 à Paris et à Saint-Denis, réalisé par les frères Jules et Gédéon Naudet. Déjà auteurs du documentaire *9/11*, qui a remporté deux Emmy Awards en 2002, ils donnent ici avant tout la parole aux survivants, aux témoins et à ceux qui sont venus en aide aux victimes. Pourquoi Jules et Gédéon Naudet ont-t-ils décidé de découper ce documentaire en plusieurs parties ? « Nous voulons que ceux qui le visionnent puissent prendre le temps, le découvrir à leur rythme. S'ils ont besoin de faire des pauses dans ce récit difficile, de le regarder en plusieurs fois, ils en auront la possibilité », expliquent-ils au *Figaro*[1]. Outre la possibilité de monnayer des droits de diffusion mondiaux, choisir Netflix comme distributeur a donc pour avantage de laisser au spectateur le contrôle et le rythme de la diffusion de leur documentaire.

1. Constance Jamet, « Netflix prépare un documentaire inédit sur les attentats de Paris », LeFigaro.fr, 9 mars 2018

Netflix ne s'arrête pas là. Un docu-série sur l'affaire Grégory, produit par Lagardère Studios, est en préparation. Autre joli coup : au printemps 2018, la plateforme révèle avoir acquis les droits de *Soupçons* (*The Staircase*), une série-documentaire culte de Jean-Xavier de Lestrade, un cinéaste réputé pour ses documentaires de haute facture, montés comme des thrillers. C'est à lui que l'on doit ce genre du « polar du réel ». Jean-Xavier de Lestrade a débuté *Soupçons* en 2003 et l'a achevée au printemps 2018 par trois épisodes inédits, produits par Netflix. Cette série, initialement diffusée sur Canal+ à partir de 2004, est consacrée à une affaire judiciaire hors-norme : celle de Michael Petersen, un écrivain soupçonné du meurtre de sa femme, sorti de prison le 24 février 2017. À présent disponible sur Netflix, la série bénéficie de fait d'une audience mondiale se réjouit l'auteur[1] : « Sa diffusion sur Netflix va permettre aux jeunes générations qui ne la connaissent pas d'y accéder, et ce dans 192 pays à travers le monde, tous en même temps. C'est une deuxième naissance qui permettra au public de découvrir les 13 épisodes d'un coup ».

Pour nourrir son catalogue français, Netflix mise aussi sur une stratégie très volontaire d'acquisition de droits exclusifs. C'est le cas avec l'humoriste Gad Elmaleh qui a cédé à Netflix, en 2017, l'exclusivité de la diffusion de son one-man show *Gad part en live*. L'humoriste co-écrit également pour la plateforme une série télévisée, *Huge in France* (« Énorme en France »), dans laquelle il jouera son

1. Emmanuelle Skyvington, entretien Jean-Xavier de Lestrade, *Télérama*, 23 mai 2018

propre rôle. L'histoire racontera son départ de France pour Los Angeles, afin de se rapprocher de son fils de seize ans. Enfin, son prochain stand-up, intégralement joué en anglais, serait également proposé en exclusivité aux 125 millions d'abonnés de Netflix.

En 2018, l'humoriste Dany Boon a cédé à son tour à la tentation ; son spectacle, *Dany de Boon des Hauts-de-France* sera disponible sur la plateforme. Pour annoncer cette alliance, Netflix a dévoilé en avril 2018 une vidéo humoristique sous forme de vrai-faux entretien dans laquelle Dany Boon explique au patron de Netflix, Reed Hastings, qu'il manque quelque chose à l'entreprise américaine : « la touche ch'ti ». L'humoriste revisite ensuite des titres-phares de séries Netflix, en y apposant une identité Hauts-de-France : *Maroilles of Cards, Stranger Lille* ou encore *Berck Mirror*. Au passage, dans cette bataille de l'ultra-local, le concurrent principal de Netflix, Amazon Studios, a quant à lui signé… avec les scénaristes de *Bienvenue chez les Ch'tis* pour sa prochaine série.

7

L'audiovisuel, nouveau terrain de jeu des GAFA

En 2017, les géants de la tech ont avancé leurs pions sur le champ de bataille de la vidéo en ligne. Dans le sillage de Netflix, ils se convertissent à la production de séries TV et d'émissions originales pour avoir leur part de l'immense marché publicitaire, étendre leur diversification, et attirer l'audience des 12-34 ans qui déserte la télévision traditionnelle pour YouTube et Netflix. Après Amazon et Google (avec YouTube), Apple et Facebook entrent aussi dans la danse. C'est le nouveau nerf de la guerre entre géants de la tech et les groupes de médias traditionnels : acquérir des programmes originaux.

Depuis que Netflix, grâce à des paris inventifs et osés comme *Orange is the New Black* ou *House of Cards,* a changé les règles du jeu en popularisant une nouvelle manière de produire et de consommer les séries télévisées – à la demande, sur Internet et via un abonnement – les géants du Net veulent aussi en être.

Netflix, Apple, Facebook, Disney, Amazon ou encore Google ont donc multiplié les investissements et recrutements pour asseoir une nouvelle stratégie : diviser le marché pour mieux régner. Ces quatre colosses, qui figurent tous dans le top 10 des plus grandes valorisations boursières mondiales, ont su créer autour d'eux un biotope. Ils peuvent utiliser leur capacité à mobiliser une large audience pour dominer de plus en plus de secteurs et engranger toujours plus de revenus et de données, d'où leur offensive, depuis 2016, dans les contenus.

Août 2017. En pleine torpeur estivale, surprise : Facebook, dont l'image n'est pas encore ternie par des scandales de fuites de données d'utilisateurs comme Cambridge Analytica, annonce sa volonté de produire des contenus TV originaux, annonce alors le *Wall Street Journal*. Le géant compte même y consacrer un milliard de dollars. Au même moment, Apple annonce également son intention d'investir un milliard de dollars en 2018 pour produire des contenus. La marque à la pomme s'est déjà (modestement) lancé dans la production audiovisuelle avec son show télévisé *Planet of the Apps*, disponible sur son service payant Apple Music. Une sorte de *The Voice* en version geek, où des développeurs viennent présenter leurs pitchs d'applications mobiles sur un plateau télé.

C'était en été 2017, une éternité déjà. Aujourd'hui la guerre est définitivement déclarée, les GAFA se lancent dans la bataille de l'audiovisuel, à coups d'acquisitions et de nouveaux formats, pour se concurrencer et se positionner face à Netflix. Pour ce faire, ils recrutent des pointures : pour s'imposer dans un secteur, il faut savoir bien s'entourer, ce que font les GAFA les uns après les autres.

En août 2017, Netflix parvient à chaparder à la chaîne ABC, propriété de Disney, la femme la plus puissante de la télé américaine, Shonda Rhimes, créatrice des séries *Grey's Anatomy*, *Scandal*, et productrice de *How to Get Away with Murder*. Elle aurait rapporté deux milliards de dollars en 12 ans à la chaîne, d'après le site TechCrunch. Justement, celle que l'on surnomme la « papesse des séries » aura pour mission de développer séries et « autres projets » en exclusivité pour Netflix dès 2018. Elle explique que Netflix lui offrira « une liberté créative unique et un rayonnement mondial instantané » qu'ABC n'a pas les moyens de proposer.

Amazon Studios, lui, recrute en février 2018 Jennifer Salke, la patronne de NBC Entertainment, pour remplacer Roy Price, balayé quelques semaines avant par des accusations de harcèlement sexuel en pleine affaire Weinstein. D'autres profils venus de la télévision arrivent début 2018, Albert Cheng, un ancien de ABC Digital, et Vernon Sanders, de NBC.

Au même moment, Apple enrôle deux anciens dirigeants de chez Sony Pictures, Zack Van Amburg et Jamie Erlicht qui ont produit des séries comme *Breaking Bad* ou *The Shield*. En mars 2018, il attire dans ses rets la vice-présidente de Sony Pictures Television, Angelica Guerra. Elle qui était aussi « directrice de production pour l'Amérique latine et les latino-américains » sera désormais à la tête de la programmation d'Apple pour l'Amérique latine.

Mi-juin 2018, la marque à la pomme annonce un partenariat avec Oprah Winfrey, la « papesse » de la télévision américaine, pour créer des programmes originaux. Un énorme coup : Oprah

Winfrey est une des personnalités préférées des Américains, qui a présenté pendant 25 ans son talk-show (*The Oprah Winfrey Show*, tout simplement), le plus regardé de l'histoire de la télévision aux États-Unis. Quelques jours après, elle annonce l'arrivée de Joe Oppenheimer, patron de BBC Films depuis 20 ans, où il a géré plus de 50 projets, dont *Moi, Daniel Blake* de Ken Loach. Il rejoint l'équipe de Jay Hunt, ex-Channel 4, directrice de la création pour Apple en Europe. Décidément, les choses se précisent.

Pour asseoir sa position en Europe, Netflix s'associe à des chaînes européennes. À Canal+ en France pour coproduire *The Spy*, et à BBC One et BBC Two en Grande-Bretagne pour produire deux programmes originaux, *Troy of Fall of City*, un récit historique ancré dans la Guerre de Troie, et *Black Earth Rising,* un thriller politique et judiciaire.

Le challenger, Amazon Studios

Un modèle à part

L'un des principaux challengers de Netflix est Amazon Studios. Celui-ci a lancé fin 2016 son propre service de vidéo à la demande dans 200 pays à travers le monde (voir page 71), avec un modèle économique différent de Netflix puisque il offre son service à ses abonnés Amazon Prime, comme un simple plus-produit. Le groupe de Seattle ne cache d'ailleurs pas son objectif principal : au-delà de l'amour pour le septième art, « le succès d'un film ajoute de la valeur à Prime et fidélise les clients », expliquent ses dirigeants. « Quand on gagne un

Golden Globe, cela nous aide à vendre plus de chaussures», osait Jeff Bezos, un rien cynique, lors d'une conférence technologique en juin 2016. En clair, investir dans les séries, attirer des abonnés sur Prime, permet surtout de booster les ventes d'Amazon, et donc d'accroître son chiffre d'affaires global.

Bien que son arrivée sur ce marché soit récente, Amazon a plusieurs atouts dans sa manche et compte bien monter en puissance. Il dévoilait pour la première fois en avril 2018 le nombre d'abonnés à Amazon Prime – 100 millions dans le monde, affirmait Jeff Bezos. Certes, ses débuts sont discrets, voire confus, durant l'année 2017, en particulier en France où sa plateforme reste non-traduite pendant un an. L'internationalisation du service n'est réalisée parallèlement à la sortie de *The Grand Tour*, émission automobile réalisée par l'équipe de *Top Gear* pour laquelle l'entreprise de Jeff Bezos a payé (très) cher: 250 millions de dollars pour rapatrier la franchise.

Autre hic, côté cinéma: malgré ses discussions avec StudioCanal pour enrichir son catalogue, en septembre 2017, Amazon studios ne propose que 558 titres (séries et longs-métrages) en France, selon le CNC[1]. Cela le place bien loin derrière Netflix (2 905 titres), SFR Play (1 746 titres), CanalPlay (1 519 titres), et même le spécialiste FilmoTV (736 titres). Il en va de même du côté du modèle économique: Amazon a fait un choix hasardeux dans l'Hexagone. Ici, pas d'abonnement exclusif à Prime Video à 5,99 € par mois, il faut passer par le programme Premium (Prime) à 49 € par an. Un paiement mensuel est finalement proposé, seulement à l'automne 2017.

1. L'Observatoire de la VàD par le CNC

Des projets à foison

Mais sa politique d'acquisitions ambitieuse de films, comme à Sundance, commence à porter ses fruits dès 2017. Inexorablement, il poursuit sa course aux signatures. Comme Netflix, il s'est lancé dans une guerre de séduction, pour convaincre les grands noms d'Hollywood de travailler avec lui. En avril 2017, il recrute Barry Jenkins, réalisateur de l'oscarisé *Moonlight,* pour réaliser l'adaptation du best-seller *The Underground Railroad* de Colson Whitehead. Cette série de 11 épisodes narrera l'histoire de Cora, une esclave dans une plantation de coton en Georgie, et de Cesar, qui tente d'échapper à l'esclavage. Amazon signe aussi signé avec Matthew Weiner (réalisateur de la série *Mad Men*) qui va adapter *The Romanoffs* pour un budget d'environ 50 millions de dollars, ainsi qu'avec Ben Edlund pour *The Tick,* sa toute première série de superhéros.

Mais pour jouer dans la cour des grands, Amazon se concentre sur des productions très grand public. En septembre 2017, à l'issue d'une seule saison, il arrête les frais pour la série *The Last Tycoon*, adaptation somptueuse du roman inachevé de F. Scott Fitzgerald. Jeff Bezos en personne aurait insisté auprès de ses équipes, il veut désormais son *Game of Thrones*. La série de HBO est devenue un mètre-étalon dans l'industrie pour décrire un show coûteux mais à l'identité puissante et rassembleuse. Un virage pour la société de Seattle, qui s'était focalisée sur des fictions télévisées à moyens budgets comme *Transparent*, l'histoire d'un père de famille qui révèle être transgenre, ou la comédie *Mozart in the Jungle* avec l'acteur Gael Garcia Bernal.

Un gros coup confirme l'arrivée d'Amazon dans le domaine des blockbusters : il décroche en novembre 2017 les droits mondiaux d'adaptation en série télévisée pour *Le Seigneur des anneaux*, la saga de l'écrivain britannique J. R. R. Tolkien. Une « marque » éminemment fédératrice, après l'énorme succès au cinéma de Peter Jackson, qui a généré près de trois milliards de dollars de recettes dans le monde. Pour ce faire, Amazon a offert 250 millions de dollars aux ayant droits de Tolkien, à New Line et aux éditions Harper Collins. Et il investira sans doute encore plus : la production et le marketing de la série pourraient faire grimper son budget à 500 millions de dollars pour les deux premières saisons, d'après une étude interne révélée par Reuters[1]. Du jamais-vu sur le petit écran. Enfin, Jeff Bezos a trouvé son *Game of Thrones*.

Bien d'autres projets sont lancés en 2018. Amazon met les bouchées doubles. Un contrat d'exclusivité est signé avec le créateur de *The Walking Dead*, Robert Kirkman. Certes, ce dernier n'apporte pas dans son escarcelle sa série *The Walking Dead*, qui est déjà chez AMC, mais il signe avec Amazon Studios pour lui produire du contenu original, avec une touche de science-fiction, fantasy et horreur, via sa propre entreprise, Skybound Entertainment.

En mars 2018, Amazon signe avec le démiurge hollywoodien Steven Spielberg. Le cinéaste à l'origine des *Dents de la mer*, *E.T.* et *Jurassic Park* va coproduire *Cortes* avec Amazon Studios, via sa société de production Amblin, une

1. Jeffrey Dastin, « Exclusive : Amazon's internal numbers on Prime Video, revealed », Reuters, 15 mars 2018

mini-série de quatre épisodes consacrée à la vie du conquistador Hernán Cortés avec la star Javier Bardem (*No Country for Old Men*) dans le rôle-titre. Autre projet de prestige, Amazon Studios s'accorde avec la BBC et le réalisateur Neil Gaiman (*American Gods*) pour lancer *Good Omens*, adaptation d'un roman écrit par Neil Gaiman en 1990. Avec dans les premiers rôles David Tennant (*Doctor Who*), Michael Sheen (*Twilight*), qui interprètent un démon et un ange qui prennent du bon temps sur Terre en repoussant l'heure du Jugement dernier. Face à eux, l'archange, par Jon Hamm, l'ancien publicitaire de *Mad Men*. Enfin, citons également Julia Roberts qui signe pour sa première participation à une série. Dans *Homecoming*, adaptation d'un podcast éponyme gros succès aux États-Unis, elle jouera Heidi, une travailleuse sociale dans un établissement gouvernemental. La réalisation sera confiée à Sam Esail, le créateur de la série d'anticipation *Mr. Robot*.

L'ultra local, l'autre concurrence avec Netflix

Autre corde à son arc, Amazon Studios a opté très tôt pour une vraie stratégie locale, tout comme Netflix. « Nous avons développé une offre ultra-locale, avec des contenus locaux », souligne Éric Bergaglia, responsable du développement de Prime Video France. « Ils ont des acheteurs par pays, intégré à leurs équipes dans les pays européens où Amazon Prime vidéo est disponible, en France, en Espagne et en Italie », explique Manuel Alduy, senior vice-president des achats chez la 20th Century Fox en France[1]. « Ils ont déjà

1. Entretien avec l'auteure, 28 mars 2018

acheté beaucoup de droits de diffusion de séries locales, avec une cinquantaine de séries françaises en catalogue, avec des dates de diffusion proches de la première fenêtre ». Ainsi, en mars 2018, Amazon Prime Video proposait l'intégralité de la première saison de la série française *Demain nous appartient*, et ce, 48 heures après la diffusion de ses derniers épisodes sur TF1. Amazon explique ensuite dans son communiqué vouloir confirmer « une fois de plus son engagement à proposer les meilleurs contenus locaux à ses utilisateurs » et ambitionne de « devenir le service de streaming préféré des Français » en bon challenger de Netflix.

Au même moment, fin mars 2018, Amazon Prime Video France annonce la signature d'accords avec de nombreux distributeurs français tels que TF1 Droits Audiovisuels, France TV distribution, AB Droits Audiovisuels, Newen Distribution, et EuropaCorp. Il ajoute ainsi à son catalogue plus de 50 séries et films populaires français, tels que les séries françaises *Fais pas-ci, fais pas ça*, *Les Petits meurtres d'Agatha Christie*, et *Cherif*. Ainsi que plusieurs films, dont certains primés aux César, tels que *Populaire*, *Les Combattants*, *Va, vis et deviens*, et *Entre les murs*.

Pour conquérir de nouveaux clients, Amazon développe lui aussi des contenus originaux locaux. En France, sa première création originale s'intitulera *Deutsch-les-Landes* (*Germanized*). Comme Netflix, le géant du e-commerce s'appuie sur des grands noms, devant et derrière la caméra. À l'écriture de cette série comique, Alexandre Charlot et Franck Magnier, deux anciens auteurs des Guignols et scénaristes de *Bienvenue chez les Ch'tis*, et à sa réalisation Denis Dercourt

(*En équilibre*, *La Tourneuse de pages*). Au casting, on retrouve notamment Sylvie Testud et Marie-Anne Chazel en tête d'affiche. La série racontera l'histoire de Jiscalosse, petit village fictif des Landes au bord de la faillite, faisant aujourd'hui appel à l'Allemagne pour se réindustrialiser. Dotée d'un budget de 6 millions d'euros pour 10 épisodes de 26 minutes, la fiction est produite par Amazon Prime Video, mais aussi Deutsche Telekom (qui devrait la proposer dans ses bouquets payants), Bavaria Fiction et le groupe Newen (déjà présent derrière la série *Plus belle la vie*).

Amazon Studios duplique cette stratégie ultra locale ailleurs. En décembre 2017, « Amazon Studios a mené des acquisitions auprès des trois principaux diffuseurs locaux espagnols : Mediaset España, Atresmedia et RTVE », poursuit Manuel Alduy. Là encore, le groupe a mis le paquet : il a acquis les droits de 15 séries récentes de Mediaset España, dont *I Know Who You Are* de Filmax et *The Prince* de Plano, ainsi que 11 séries de RTVE, incluant des succès comme *Estoy vivo* et *Isabel*. C'est pour lui l'occasion de se faire connaître en proposant une seconde fenêtre de diffusion aux séries locales à succès, juste après leur diffusion sur des chaînes hertziennes traditionnelles. Une stratégie bien différente de celle de Netflix, qui produit quant à lui des séries certes locales, mais à rayonnement international : *La Casa de Papel*, toujours en Espagne, ou *The Crown* (qui retrace la vie de la reine Elisabeth II) en Grande Bretagne.

Dans un tout autre domaine, Amazon investit de plus en plus dans le sport. Le 5 mars 2018, il annonce la diffusion sur sa plateforme de *Six Dreams*, une série documentaire consacrée au championnat espagnol de football, à travers six de ses personnalités : Saul Niguez, joueur de l'Atletico Madrid, Inaki Williams (Atletic Bilbao), Andres Guardado (Betis Séville), Amaia Gorostiza, présidente du SD Eibar, Eduardo Berizzo, ex-entraîneur du FC Séville et Quique Carcel, directeur sportif du FC Girone. Amazon Prime Video produit également *Grand Prix Driver*, une plongée dans l'écurie de F1 McLaren, et *All or Nothing*, série retraçant la saison des Arizona Cardinals et des Los Angeles Rams en football américain.

Mais Amazon Prime Studio souffre aussi de plusieurs fragilités. D'une part son manque de notoriété. La plateforme a certes déjà communiqué à propos de sa série-phare *The Grand Tour*, mais sa première campagne publicitaire ne viendra qu'en mai 2018, avec des affiches dans le métro parisien et un spot publicitaire télévisé. Le slogan alors énoncé fait référence à son ADN d'e-commerçant : « Vous livrer des films et séries, c'est mieux en streaming ». D'autre part, contrairement à Netflix, le service de SVoD d'Amazon disponible en OTT via Internet n'est embarqué sur aucune box d'opérateur télécom français. Or, la vidéo à la demande sur abonnement est très dépendante de ces derniers, et Amazon Prime Video n'a pas encore conclu d'accord de diffusion avec eux. En France, ce service n'est donc disponible qu'en OTT. Mais les choses pourraient changer : « Nous sommes en discussions avec des opérateurs français pour embarquer sur leurs box », assure Éric Bergaglia. « Amazon veut imposer son univers technologique sur la box. Nous, c'est son service de SVoD qui nous intéresse, mais pas les chaînes de télévision qu'ils préparent », nuance David Kessler.

Apple, Facebook, Youtube… producteurs audiovisuels (à leur tour)

Apple recrute Spielberg

Forte d'une première expérience dans l'audiovisuel avec son show télévisé *Planet of the Apps* (les premiers épisodes sont disponibles sur Apple Music, sur le site de l'émission et sur iTunes qui permet par ailleurs déjà aux détenteurs de produits Apple de télécharger films et séries), Apple annonce en juin 2017 son intention d'investir un milliard de dollars en contenus originaux. Quatre mois plus tard, c'est à son tour d'attraper son premier gros poisson : sa toute première série originale sera dirigée par Steven Spielberg. Il s'agit d'un remake des *Histoires fantastiques* que le réalisateur avait écrites pour NBC dans les années 1980. Un projet qui surfe, comme la série à succès *Stranger Things* de Netflix, sur les *eighties*, et qui devrait réunir tous les ingrédients du succès : nostalgie, science-fiction et évidemment, Spielberg aux manettes. Dix épisodes sont pour l'instant prévus, qui devraient sortir sur NBC.

Grâce à ce deal, le géant de la tech a pris de l'avance dans la guerre des talents, tout en entrant dans la course à la recherche du futur blockbuster mondial qui rayonnera pendant des années et portera sa plateforme. Et après ? La presse professionnelle d'Hollywood égrène régulièrement les nouveaux projets de séries qu'Apple signe avec des acteurs « *A-List* ». L'une d'elles, réalisée par Kerry Ehrin (*Bates Motel*), rassemblera les actrices Reese Witherspoon et Jennifer Aniston, qui en sont aussi productrices exécutives.

Déjà deux saisons ont été signées. Le show, destiné à être programmé le matin, adaptation du livre de Brian Stelter, *Top of the Morning : Inside the Cutthroat World of Morning TV*, racontera les coulisses d'un *talk show* matinal de la télé américaine.

En janvier 2018, il annonçait une collaboration avec le réalisateur Damien Chazelle, oscarisé pour *La La Land*, qui travaille aussi sur une série pour... Amazon studios.

Dans son escarcelle également, l'une des histoires de science-fiction les plus cultes : il va adapter l'œuvre d'Isaac Asimov, sa grande saga du *Cycle de Fondation*. C'est le studio Skydance qui porte ce projet, sous la houlette du producteur David S. Goyer (*The Dark Knight, Batman vs Superman*).

Autre collaboration de choix, annoncée début juin 2018, cette fois avec J. J. Abrams, réalisateur en série de block-busters au cinéma (*Star Trek*, *The Cloverfield Paradox*, *Star Wars – épisode VIII : Les Derniers Jedi*). À l'issue d'une bataille qui l'a mis en concurrence avec HBO, Apple vient de lui commander 10 épisodes de 30 minutes d'une comédie musicale intitulée *Little Voice*, qui mettra en vedette Sara Bareilles, star du spectacle américain *Jesus Christ Superstar*.

Mi-juin, Apple annonce carrément un partenariat avec Canal+, pour adapter en anglais sa série *Calls*, une série atypique, imaginée par Timothée Hochet, un acteur et cinéaste de 24 ans, qui s'écoute plus qu'elle ne se regarde, laissant libre cours à l'imagination du téléspectateur. Structurée en 10 épisodes d'environ 10 minutes chacun, elle repose sur une imbrication d'enregistrements – appels téléphoniques, boîtes noires d'un avion, talkies-walkies – qui laissent entrevoir une fin apocalyptique. Des acteurs français ont prêté leurs voix au programme, sans jamais se montrer à l'écran où n'apparaissent que quelques sous-titres. Apple en a commandé une adaptation en anglais qui sera coproduite par le numéro un français de la télévision payante. Il en a également acheté les droits de la version originale française.

Comment Apple compte diffuser ces premières séries ? Utilisera-t-il son service de streaming musical, Apple Music, ou va-t-il préférer créer sa propre plateforme de vidéo à la demande ? Pour diffuser ses contenus, il dispose déjà d'un atout maître, ses appareils, les millions d'iPhones et d'iPads que possèdent des particuliers aux quatre coins du monde. Fort d'une trésorerie de 260 milliards de dollars en cash, le géant de la tech peut tout se permettre.

Fin juin 2018, la presse américaine commence à faire écho d'un service de vidéos à la demande pour le printemps 2019. Il pourrait coûter autour de $9,99 par mois (un petit peu moins que Netflix outre-Atlantique). La firme de Cupertino envisage de mettre son catalogue et ses séries à disposition des possesseurs d'Apple TV, sans frais supplémentaire. Et plus généralement, il réfléchirait à un abonnement unique, réunissant tous ses services premium (Apple Music, iCloud, Apple News et donc des contenus films et séries en prime).

Google entre dans la danse via YouTube

Dernier-venu dans la course: Google, via YouTube, son service de partage vidéo, et YouTube Red, sa filiale de streaming. Google avait déjà commencé à produire des contenus originaux ou autres séries. Hormis *Lazer Team*, une comédie de science-fiction à petit budget distribuée en salle en 2016 mais passée inaperçue au box-office, ses contenus originaux, dits YouTube Originals étaient, jusqu'à présent, essentiellement des shows mettant en vedettes d'influents youtubeurs tels que PewDiePie ou Logan Paul, des animateurs télé comme Ellen DeGeneres, ou des stars hollywoodiennes à l'image de l'acteur Dwayne «The Rock» Johnson ou du réalisateur Doug Liman.

En mai 2018, Google franchit un cap et devient producteur de ses propres séries. Il met en ligne les dix premiers épisodes de sa première série originale grand public, *Cobra Kai*. Avec deux premiers épisodes accessibles gratuitement et les autres à 2,49 € l'unité, la série met en scène deux passionnés d'arts martiaux, Daniel La Russo et Johnny Lawrence, dans une banlieue de Los Angeles. Le tout est sous influence de *Karaté Kid*, saga à grand succès dans les années 1980 et modèle du genre du film d'arts martiaux. Un carton: le premier épisode, mis en ligne le 2 mai, est visionné plus de 40 millions de fois les deux premiers mois, poussant le diffuseur à commander une seconde saison.

Parallèlement, en mars 2018, YouTube se lance dans le cinéma en finançant son premier film, *Vulture Club*, avec notamment Susan Sarandon au casting. Elle y interprète une infirmière des urgences dont le fils a été pris en otage par des terroristes. Le long-métrage devrait d'abord sortir dans les salles américaines avant d'être proposé aux abonnés payants de la plateforme vidéo de Google. Si *Vulture Club* sort en 2018 comme prévu, il pourrait être éligible aux Oscars. De quoi apporter à la plateforme de vidéo une légitimité dans le monde du cinéma. Exactement comme Amazon et Netflix. YouTube produit par ailleurs un film, *Bodied*, avec le rappeur Eminem. Il a été projeté au festival de Sundance début 2018, et devrait sortir dans les salles outre-Atlantique.

Pour diffuser ses programmes, Google dispose de son « tuyau » de streaming musical et vidéo : YouTube, et sa déclinaison payante YouTube Red. Expérimentée depuis fin 2015 aux États-Unis, celle-ci est étendue dans une centaine de pays en 2018. Fin mai 2018, Google la scinde en deux nouvelles offres distinctes : un service musical à $9,99 par mois sans publicité, et un service YouTube Premium (qui remplace YouTube Red) pour le contenu vidéo original à $11,99 par mois. Mi-juin 2018, la firme de San Bruno décline aussi en France son service, YouTube Premium, à 11,90 € par mois. Cette offre inclut sa nouvelle offre de musique Music et la possibilité de télécharger les émissions YouTube Originals. Ça y est, YouTube a donc son service vidéo sur abonnement. Dès lors, tout comme les autres géants de la tech, il s'est lancé dans une course effrénée aux signatures et partenariats avec des grands noms d'Hollywood. Pour avoir, lui aussi, ses productions haut de gamme, et justifier la bascule du modèle économique de YouTube, jusque là presque exclusivement basé sur la publicité.

George Clooney et Kirsten Dunst, par exemple, auxquels il a commandé pour 2019 une comédie. Cette production à l'humour noir, intitulée *On Becoming a God in Central Florida*, parlera du culte américain de l'entrepreneuriat et de la poursuite du rêve américain dans les années 1990.

Puis, YouTube signe avec Jordan Peele, réalisateur du film oscarisé *Get Out*, qui va réaliser et produire une série de science-fiction, *Weird City*. Ces six épisodes attendus pour 2019 retraceront le quotidien dans la ville de Weird, entre humour et anticipation.

Petit détail piquant, un mois avant, le jeune réalisateur avait signé un autre *deal* pour une série télé avec… Amazon Studios. Tout comme Damien Chazelle a signé à la fois avec Apple et Netflix. Décidément, ces acteurs de la tech s'arrachent les nouveaux talents d'Hollywood.

Facebook : séries mobiles

Lorsqu'il décide de se lancer dans la production vidéo, Facebook sait déjà qu'il peut compter sur ses deux milliards d'abonnés dans le monde. Mais le numéro deux de la publicité en ligne derrière Google voit aussi dans les séries télévisées un relais de croissance, une nouvelle source de revenus publicitaires. C'est bien sur cela qu'il mise pour les contenus vidéo. Pour capter l'audience des Millennials (les moins de 30 ans) et s'adapter à leurs usages, notamment sur mobile, Facebook décide mi-2017 de tabler sur deux types de formats : l'un de 10 minutes, l'autre de maximum 30 minutes. En optant pour ces formats courts faciles à regarder sur mobile, il se rapproche de ces plateformes d'actualité vidéo qui cartonnent, comme Brut en France, spécialisée dans les sujets vidéo de 2 minutes. Facebook l'assure, il compte produire des séries, des films et des émissions. Il vient justement d'ouvrir, aux États-Unis sa plateforme Facebook Watch, où les internautes peuvent visionner des vidéos en dehors de leur propre fil d'actualité, créer des listes de lecture, ou encore s'abonner à des « chaînes ». Exactement comme sur YouTube. Facebook est prêt à débourser jusqu'à 3 millions de dollars pour chaque épisode de *Strangers*, sa première future série. De fait, en septembre 2017, il commence à mettre en ligne ses épisodes de 15 minutes, autour d'une jeune femme d'aujourd'hui qui décide de louer sa chambre sur Airbnb. Il promet aussi une émission de jeux, *Last State Standing*.

En avril 2018, Facebook poursuit son offensive dans les contenus audiovisuels en proposant une nouvelle série sur Watch, *Skam Austin*, adaptation en anglais inédite de *Skam*, une série norvégienne pour ados (une adaptation française est par ailleurs diffusée sur France 4 dans l'Hexagone). Diffusée sur la télévision publique norvégienne NRK, *Skam* (« Honte ») raconte les aventures d'ados et jeunes adultes en s'appuyant fortement sur les réseaux sociaux – les personnages ont des comptes sur Instagram ou Twitter, qui sont régulièrement alimentés « IRL », dans la vraie vie, pour entretenir l'attention des fans. La série avait connu un énorme succès en Norvège et suscite beaucoup d'intérêt à l'étranger.

En mai 2018, il se lance à son tour dans la production de ses propres séries. L'actrice britannique Catherine Zeta-Jones, oscarisée en 2003, sera l'héroïne de la première série originale de Facebook, *Queen America*, consacrée à l'univers des concours de beauté aux États-Unis. Elle y incarnera Vicki Ellis, la coach la plus recherchée des États-Unis pour les concours de beauté de jeunes filles.

Contrefeux locaux

« Le risque est que la « grande distribution » en audiovisuel tue notre commerce. Faire beaucoup et pas cher à la vente. Les Netflix, Amazon, Disney-Fox, Warner-Universal, et les futurs acteurs majeurs américains, chinois et autres de la SVoD, risquent de tuer la création indépendante au même titre que les majors Hollywoodiens jadis », avertit un cinéaste.

L'empire Disney, futur concurrent

Août 2017 : c'est le divorce, Disney annonce qu'il va retirer l'ensemble de son catalogue de Netflix. Le plus gros des studios américains a décidé que son contrat de distribution de ses films et séries avec Netflix ne serait pas reconduit après fin 2019. Sont concernés d'une part les films d'animation Disney et Pixar (*La Reine des neiges*, *Toy Story*...), et d'autre part (après quelques semaines de suspense) les fictions Marvel (*Avengers*, *Hulk* et autre *Captain America*) et Lucasfilm (*Star Wars*).

Un coup dur pour Netflix, qui venait justement de faire sa première méga acquisition en août 2017 en s'offrant l'éditeur de comics Millarworld pour renforcer ses positions dans l'univers des super-héros, véritable appeau à geeks et à enfants. «Les personnages du Millarworld vont prendre vie sous forme de films, séries et programmes pour enfants réservés à nos abonnés», expliquait-il alors. La prise est énorme, même s'il n'a pas la main sur les droits de comics *Kick-Ass* et *Kingsman*, déjà détenus par le studio britannique Marv Films. Mais ses autres licences, *Wanted*, *Reborn* ou *MHP*, sont des séries courtes et calibrées pour être adaptées au cinéma.

Double effet *kiss cool*: en août 2017, Bob Iger enfonce le clou en annonçant que la firme aux grandes oreilles va créer en 2019 son propre service de vidéo à la demande. Son «Disneyflix», en clair. Il fera ainsi directement concurrence à Netflix, en lui retirant ses propres films pour s'en réserver l'exclusivité. Après les GAFA, Disney aussi veut étreindre ce nouveau modèle de distribution l'accès direct aux consommateurs, via des offres en streaming diffusées en OTT directement sur Internet. Une action préméditée, puisque Disney dépensait un milliard de dollars en août 2016 pour prendre 33 % du capital de la société BamTech, spécialisée dans le streaming vidéo; puis 1,6 milliard supplémentaire pour monter à 75 % en août 2017. Son atout: sa technologie, capable de supporter des dizaines de millions de streams en même temps. Mieux, son patron, Michael Paull, a auparavant dirigé Prime Video chez Amazon et est recruté par Disney par la même occasion. Avec cet outil technologique, Mickey est armé pour concurrencer les champions de la SVoD.

En plus d'intégrer les films Disney, Marvel et Lucasfilm à son catalogue (y compris une nouvelle trilogie *Star Wars* chapeautée par Rian Johnson et une série télé *Star Wars*), Disney planche sur des films et séries exclusifs pour son futur service de vidéo à la demande. En faisant de *Star Wars* et Marvel sa chasse gardée dans le monde du streaming, Disney s'arroge un argument de poids pour attirer dans son giron de futurs spectateurs. Et cela, Netflix l'a bien compris. Disney garde également sous le coude quelques films en cours de production pour les sortir exclusivement sur son service de streaming. Et non des moindres : pour entamer sa nouvelle saga, *Merlin l'enchanteur*, il en a confié le premier épisode au réalisateur Ridley Scott (*Gladiator*, *Hannibal*), 80 ans. La saga sera adaptée des quelques 12 volumes des livres de T. A. Barron : une nouvelle franchise qui promet d'être très lucrative pour Disney…

Quelques mois plus tard, Bob Iger, le patron de Disney, sort l'artillerie lourde. Mi-décembre 2017, il annonce qu'il va s'emparer des studios de cinéma et de télévision de 21st Century Fox, l'empire Murdoch, ainsi que certaines activités à l'international, pour 52,4 milliards de dollars. De cette manière, la firme de Mickey vient chasser d'encore plus près sur les terres de Netflix, Hulu ou Amazon Prime. Alors qu'il prépare son service de streaming vidéo, Disney met ainsi la main sur un catalogue qui lui permettra d'étoffer ses contenus dans la télévision et dans le cinéma, avec de nouvelles franchises comme *Avatar*, *Alien* et *X-Men*, mais aussi des séries telles que *Les Simpson* et *Homeland.* À lui seul, le studio Disney cumule 16 longs-métrages qui ont dépassé le milliard de dollars de recettes ! Soit plus que tous ses concurrents rassemblés (Warner, Universal, Paramount, Sony Pictures, et la Fox). En absorbant la Fox, le nouvel ensemble dépasserait les 30 % de parts de marché au box-office américain. De quoi, là encore, inquiéter Netflix, Amazon Studios ou encore le service de streaming de HBO qui ne pourra plus enrichir son catalogie auprès de la Fox.

Au passage, Disney devient aussi le principal actionnaire de la plateforme Hulu, un acteur puissant de la SVoD aux États-Unis, dont il détiendra 60 % du capital, contre 30 % auparavant. En somme, Disney coupe déjà l'herbe sous le pied de tous ses (futurs) concurrents de la vidéo à la demande. Fin juin 2018, le feuilleton semble s'achever – pour l'instant. L'Autorité de la Concurrence donne son accord à la fusion, mais Disney devra céder 22 chaînes sportives appartenant au groupe Fox. À moins que le géant américain des télécoms Comcast ne surenchérisse pour acquérir les actifs de Fox. Ce rachat est loin d'être anodin. Il marque au fer rouge la volonté des groupes traditionnels de grossir en taille pour rivaliser avec leurs nouveaux concurrents, les géants technologiques Google, Netflix ou Amazon. Tous veulent construire un producteur, acheteur et distributeur de contenu intégré équivalent à Netflix.

Le feu vert accordé le 12 juin 2018 par un juge de Washington à la fusion entre le géant des télécoms AT & T et le groupe de médias Time Warner pour 109 milliards de dollars – qui permet à AT & T de mettre la main sur la pépite HBO et ses séries haut de gamme –, contre l'avis des autorités de la concurrence, révélait lui aussi cettte nécessité vitale pour ces vieux mastodontes.

Et les Chinois dans tout ça ?

Depuis ces dernières années, l'Empire du Milieu développe lentement mais sûrement ses propres mastodontes de la tech. Il a ses propres GAFA, trois géants spécialisés dans le commerce en ligne, les moteurs de recherche et les réseaux sociaux : Alibaba, Tencent et Baidu. La Chine compte également des constructeurs de devices mobiles, tels que ZTE et Huawei. Tous ont développé des services qu'ils expérimentent dans un immense marché domestique (1,37 milliards d'habitants, dont plus de la moitié utilise Internet), où la classe moyenne surconsomme tous les derniers gadgets technologiques. Le tout se déroule avec la bénédiction du gouvernement chinois, qui encourage fortement l'émergence de ces champions nationaux, quitte à user d'un protectionnisme appuyé envers des concurrents étrangers – tels que Facebook ou Google –, et les pousse à conquérir le marché international.

Dans cette conquête mondiale, la Chine d'aujourd'hui s'intéresse aussi de près au cinéma. Un exemple parmi d'autres, l'entrée au capital du groupe chinois Fundamental Films chez EuropaCorp, la société de production de Luc Besson, en septembre 2016.

Alors, sur ce terrain, Alibaba, Tencent et Baidu n'ont pas manqué de développer leurs services de streaming vidéo.

Netflix et consorts observent de près ces concurrents potentiels. Alibaba, le géant du e-commerce, souvent décrit comme l'équivalent en Chine d'eBay ou d'Amazon, possède Youku Tudou, le YouTube chinois, qu'il a acquis en 2016 pour 4 milliards de dollars. Tencent, opérateur de jeux vidéo et de la très populaire application de messagerie WeChat, a lancé son service de SVoD Tencent Video. Quant à Baidu, connu pour son moteur de recherche, il a monté son service iQiyi (50,8 millions d'abonnés). Avec lui, Netflix est parvenu à avancer un pied en Chine : tous deux ont signé en 2017 un partenariat de contenus, qui permet à Netflix de distribuer ses contenus en Chine. iQivi est ainsi devenu le seul service chinois à proposer des contenus estampillés Netflix, notamment les séries à succès *Black Mirror* et *Stranger Things*.

Maintenant, iQiyi se voit bien partir à la conquête des États-Unis. Le 27 février 2018, iQiyi a déposé auprès des autorités américaines une demande d'introduction en Bourse au Nasdaq américain. Bingo : moins d'un mois après, le 19 mars, la firme levait 2,4 milliards de dollars pour atteindre une valorisation de 12 milliards de dollars. À son tour, il annonce le lancement de sa première série origianle, en juin 2018. Il a recruté le réalisateur chinois Chen Kaige (*Adieu ma concubine*, Palme d'or à Cannes en 1993), qui va tourner une série en Chine et à Paris, *The Eight*, qui mettra en scène un personnage à la fois chinois et occidental, au début du XXe siècle.

iQiyi, bientôt le premier service de SVoD chinois à l'assaut du monde ?

Conclusion

L'horizon d'un « tueur en série(s) »

Sur les hauteurs de Los Angeles, les lettres NETFLIX sont encore entourées d'échafaudages, mais elles ont bel et bien remplacé celles du panneau Hollywood, installé depuis 1923 sur le mont Lee, incarnation de la capitale du cinéma. Certes, tout cela n'est que fiction mise en scène sur la Une saisissante du très influent hebdomadaire économique *The Economist* du 30 juin 2018. Mais cette image évoque la révolution en cours actuellement, et ce qui s'esquisse déjà.

Netflix a déjà transformé la télévision et marqué de son empreinte le cinéma et la télévision, et les investisseurs l'adorent. Il a rejoint le club très fermé des stars mondiales de la tech. Exit les GAFA (Google, Amazon, Facebook, Apple), la presse américaine parle désormais des FAANG : les mêmes, mais avec le A de Alphabet (nouvelle maison mère de Google) et le N, désormais, de Netflix. Mais dans un début d'année 2018 où ses congénères ont été secoués par plusieurs polémiques, du détournement de données couplée avec de la manipulation électorale (l'affaire Cambridge Analytica pour Facebook) à l'addiction de leurs utilisateurs, en passant par leurs stratégies d'optimisation fiscale en Europe, Netflix semble, quant à lui, préservé. Du moins pour l'instant…

Le marché valorise l'entreprise, dont le cours en Bourse a grimpé de 82 % au premier semestre 2018, à 174 milliards de dollars en juillet 2018. Certes, il reste loin des Facebook (valorisé 571,3 milliards de dollars) et Amazon (827 milliards), mais il a dépassé Disney (154 milliards) qui a perdu 5 % de sa valeur sur l'année écoulée, reflétant les difficultés des géants mondiaux du divertissement à s'adapter à la nouvelle donne. Depuis sa création en 1997, l'entreprise de location de DVD par correspondance a réussi sa métamorphose en numéro un mondial de service de vidéo à la demande par abonnement. Et, plus largement, en géant de l'entertainment : avec la production annoncée de 80 films en 2018, pour 8 milliards de dollars d'investissements en contenus originaux (voire 13 milliards selon *The Economist*), Netflix fait mieux que les studios d'Hollywood. Ces dernières années, il a mis les bouchées doubles. Avec 125 millions de foyers abonnés aux quatre coins du monde en juin 2018, il compte deux fois plus de clients qu'en 2014 ! Et il affiche désormais plus d'abonnés hors des États-Unis qu'à l'intérieur. Son service, particulièrement glouton, absorbait en septembre 2017 20 % de la bande passante internet dans le monde, selon la firme Sandvine.

Sa méthode, consitant à combiner une expansion mondiale et son expertise dans l'utilisation des datas (données) pour identifier les préférences des utilisateurs et créer des programmes ciblés, a porté ses fruits.

La firme soigne son image cosmopolite, au gré de productions ultra-locales mais qui visent bien une audience mondiale. En juillet 2018, il produit ses propres programmes télé dans 21 pays, les doublant et les sous-titrant dans des langues multiples. De Bogota à l'Inde, les gens regardent *Stranger Things*, *Narcos* ou *The Crown*. Il dispose d'une communauté mondialisée de binge-watchers. Parmi ses derniers faits d'armes, mi-2018, sa première série en Hindi, *Le Seigneur de Bombay* (*Sacred Games*), une sorte de *Narcos* made in India, qui suit la traque d'un policier pour tenter de capturer un parrain de la mafia locale. La série place la barre haut pour imposer ses services de streaming en Inde, second pays le plus peuplé au monde avec 1,25 milliard d'habitants. Il s'apprête aussi à diffuser sa première série de super-héros turc, *The Protector*, et entame à l'été 2018 le tournage à Petra (Jordanie) de *Jinn*, un drame pour adolescents tourné en arabe.

Netflix cultive en outre par petites touches sa réputation d'entreprise ouverte, y compris dans sa communication à travers des campagnes publicitaires fédératrices et humoristiques qui collent à l'actualité, à destination de toutes les diversités. Le 18 mai 2018, premier jour du Ramadan, en prévision des longues journées de jeûne, Netflix souligne dans une vidéo diffusée sur Twitter et Facebook, avec humour : « Pendant le Ramadan nous sommes inséparables. Normal, il faut bien s'occuper avant de pouvoir manger la nuit », tweets d'abonnés à l'appui. Des idées de contenus sans nudité, comme *Daredevil*, *Lost in Space* et *Bob l'éponge,* sont proposés et accompagnées du slogan « Faites tourner les bricks ». Autre exemple, un peu plus d'un mois après, pour les Prides de Madrid et Paris : Netflix affiche dans le métro des publicités fédératrices, mettant en vedette les personnages de sa série-phare *Orange is the New Black*, avec pour slogan « Rainbow is the new Black », en référence au symbole reconnu de la fierté gay et lesbienne.

Inéluctablement, la « Netflixonomics » a abouti à un nouveau modèle économique. Son objectif, ce n'est pas de faire de l'audience, mais d'accumuler des abonnements. Netflix impose ses règles à l'économie du cinéma. Il a pris l'habitude d'acquérir les droits de diffusions mondiaux pour ses programmes qu'il produit ou achète, payant une marge sur les coûts de production. En percevant un joli chèque, les réalisateurs doivent renoncer à de lucratifs droits sur des marchés secondaires (*i.e.* des droits de rediffusion) – parcequ'il n'y en a pas avec Netflix.

Pourtant, son modèle inquiète. Au fil des années, Netflix a amassé une dette phénoménale de 8,5 milliards de dollars ! Certes, il a réalisé en 2017 un chiffre d'affaires de 11,7 milliards de dollars, en hausse de 33 %, et un bénéfice net triplé, à 559 millions de dollars. Mais l'entreprise continue d'emprunter pour assurer ses ambitieuses productions originales, et se doit donc d'engranger des abonnements, beaucoup d'abonnements. Cette stratégie paiera si Netflix continue d'attirer de nouveaux abonnés tout en augmentant ses prix. Il est bien engagé sur cette voie : début juillet 2018, il commence à tester un nouvel abonnement, « Ultra », entre 16,99 et 19,99 € par mois, soit jusqu'à 7 € de plus que pour le tarif de base.

Face à ce disrupteur, l'industrie de l'entertainment s'escrime à rattraper son retard. C'est pour pouvoir le combattre à armes égales que le vieux géant des télécoms AT & T a acquis le groupe média Time Warner pour 109 milliards de dollars. Et que Disney a mis la main sur la 21st Century Fox, pour 71 milliards, en vue de lancer son propre service de SVoD, son « Disneyflix », en 2019. Les compagnies Amazon, Apple, Facebook et Google développent quant à elles aussi leurs propres programmes.

Ces derniers mois, on a ainsi assisté à une surenchère de signatures inédite à Hollywood. Netflix a signé avec les moguls de la production télévisée Ryan Murphy (*Glee, American Horror Story*), Shonda Rhimes (*Grey's Anatomy*), des cinéastes tels que Spike Lee et Martin Scorsese, et carrément l'ex-couple de la Maison Blanche, les Obama. Amazon Studios a répliqué en signant avec Robert Kirkman (*The Walking Dead*), Julia Roberts, ou encore Nicole Kidman. Apple avec Steven Spielberg, Damien Chazelle (*La La Land*), et l'animatrice télé Oprah Winfrey. YouTube, avec les acteurs « A-List » George Clooney et Kirsten Dunst, désormais producteurs…

En Europe, les « vieilles » télévisions cherchent la parade. En France, c'est Salto, une plateforme vidéo commune à France Télévisions, M6 et TF1, alors que Netflix est déjà présent chez 37 % des foyers connectés français. En Allemagne, le géant de la télé ProSiebenSat.1 s'est allié à Eurosport

(Discovery Communication) pour lancer son service de vidéo à la demande en 2019. En Grande-Bretagne, la BBC, ITV et Channel 4 ont signé un accord de 165 millions de dollars sur 5 ans pour créer une offre commune. Mais les « vieux » réseaux peuvent-ils réellement concurrencer Netflix & co ?

Plusieurs « wanna be » ont échoué face à Netflix, tels Watchever en Allemagne, KPN Play aux Pays-Bas, et CanalPlay en France, qui va s'interrompre ces prochains mois. Fin juin 2018, Franck Cadoret, directeur général adjoint de Canal+, a carrément avoué être « sceptique » quant à cette alliance Salto, après l'échec de leur propre service. Pour lui, le problème, c'est la moyenne d'âge – élevée – de ceux qui regardent les chaînes de télévision. Or, une plateforme sur le web comme Salto s'adresse en principe plutôt à une cible jeune, comme Netflix. « Donc, si on résume, sur Salto, un truc qui s'adresse à des vieux mais qui est pour des jeunes, qui était gratuit et qui devient payant... S'ils y arrivent, je suis prêt à leur apporter une bouteille de champagne à chacun ! ». Cruel.

Qu'est-ce qui arrêtera Netflix, le géant mondial de la télévision ? Une acquisition ? Les rumeurs ont évoqué, début 2018, un possible rachat par Microsoft ou par Apple. Les prochains services concurrents que concoctent Apple et Disney ? La montée en puissance des géants chinois ? L'histoire n'est pas finie.

Remerciements

Je tiens tout particulièrement à remercier Jean-Baptiste Gugès, mon éditeur, et Eléna Chryssos pour sa relecture attentive. Merci également à mes interlocuteurs qui ont tous contribué à cet ouvrage, lors de riches discussions :

Manuel Alduy, Philippe Bailly, Éric Bergaglia, Isabelle Bertrand, Jean-David Blanc, Michael Connelly, Éléonore Dailly, Édouard de Lachomette, Bruno Delecour, Emmanuel Durand, David Kessler, Yann Lafargue, Romain Mabil, Radu Mihaileanu, Éléonore Pourriat, Jean-Baptiste Sergeant, Frédéric Sitterlé, Olivier Snanoudj, Romain Sulpice, ainsi que les internautes avec lesquels j'ai eu des échanges passionnés sur Facebook et Twitter.

Bibliographie

Nicholas Carr, *Internet rend-il bête ? Réapprendre à lire et à penser dans un monde fragmenté*, Robert Laffont, 2011

Emmanuel Durand, *La menace fantôme, les industries culturelles face au numérique*, Presses de Sciences Po, 2014

Jean-Pierre Esquenazi, *Les séries télévisées, l'avenir du cinéma ?*, Armand Colin, 2010

Gina Keating, *Netflixed: The epic battle for America's eyeballs*, Penguin, 2012

Alban Martin, *L'âge de Peer: quand le choix du gratuit rapporte gros,* Village mondial, 2006

Jeremy Rifkin, *La Nouvelle Société du coût marginal zéro : l'internet des objets, l'émergence des communaux collaboratifs et l'éclipse du capitalisme*, Les liens qui libèrent, 2014

Éric Sadin, *La siliconisation du monde*, L'Échappée, 2017

Pierre Veltz, *La société hyper-industrielle*, Le Seuil, 2017

Dépôt légal : septembre 2018

262301-(I)-BOU 80°-PCA-GCO

Imprimerie Chirat-42540 Saint-Just La-Pendue - N° 201808.0089

Achevé d'imprimer en France